Die Idee eines „zweiten Lebens", die François Jullien in Auseinandersetzung mit den Klassikern des chinesischen Denkens entwickelt, meint nicht Wiedergeburt oder neues Leben, sondern zeichnet einen Weg der stillen Verwandlung vor.

In diesem Essay lässt François Jullien die Begründer des Taoismus in einen Dialog mit europäischen Denkern treten. Dabei entwickelt er die Idee eines „zweiten Lebens": Diskret und ohne Bruch findet eine Verschiebung in unserem Leben statt – es trifft nunmehr seine eigenen Entschlüsse und gestaltet sich um. Es belebt sich neu, kommt wieder in Gang, richtet seine Vorhaben und Ziele aus und gibt bislang unergründet gebliebene Möglichkeiten frei. Indem wir unsere Freiheit schrittweise entfalten, aus der Wiederholung heraustreten und Klarheit erlangen, leben wir fortan nicht mehr bloß, sondern beginnen zu existieren.

François Jullien, geboren 1951, lehrte an zahlreichen namhaften Universitäten weltweit. Er wurde 2010 mit dem „Hannah-Arendt-Preis für politisches Denken" ausgezeichnet.

EIN ZWEITES LEBEN

PASSAGEN FORUM

.

François Jullien
Ein zweites Leben

Aus dem Französischen von
Christian Leitner

Passagen forum
herausgegeben von
Peter Engelmann

Passagen Verlag

Deutsche Erstausgabe
Titel der Originalausgabe: *Une seconde vie*
Aus dem Französischen von Christian Leitner

Die Deutsche Nationalbibliothek verzeichnet diese Publikation
in der Deutschen Nationalbibliografie; detaillierte bibliografische Da-
ten sind im Internet über http://dnb.dnb.de/ abrufbar.

ISBN 978-3-7092-0514-3
2. Auflage 2022
© 2017 by Éditions Grasset & Fasquelle
© der dt. Ausgabe 2020 by Passagen Verlag Ges. m. b. H., Wien
Grafisches Konzept: Gregor Eichinger
Satz: Passagen Verlag Ges. m. b. H., Wien
http://www.passagen.at
Druck: Ferdinand Berger & Söhne GmbH, 3580 Horn

Inhalt

Warnhinweis   14

I. Ein neuer Anfang?   15

II. Geklärte Wahrheiten   23

III. Das Wesen des Zweiten   35

IV. Nicht Alter noch Weisheit   47

V. Von der Erfahrung   61

VI. Luzidität   77

VII. Loslösung, Freilegung   93

VIII. Zweite Liebe   111

IX. Wiederlesen, Wiederaufnahme,
    Wiederverpflichtung   129

Finale   145

Anmerkungen des Übersetzers   149

Warnhinweis

Hinter ihren Gedanken, tatsächlich hinter allem Übrigen, bemerkt eine Figur aus einem modernen Roman, bereits im fortgeschrittenen Alter, wie sich, während sie den Vorhang vom Fenster wegzieht, das Haus gegenüber und die Straße betrachtet, eine Frage unmerklich einschleicht. Die Frage bildet ein Loch in ihren frühmorgendlichen Träumereien: Warum lebe ich noch weiter? Eines hellsichtigen Tages kann sie die Frage nicht länger vermeiden. Sogar wenn sie keinen so ärmlichen Ehemann gehabt hätte, hätte Emma sie sich gestellt. Es stimmt, eine solche Frage – vielmehr handelt es sich um *die* Frage, in ihrer ganzen Trivialität und Rohheit – kann man hastig begraben, man kann sie unter den Sorgen des Tages einschläfern. Doch sie treibt um, man trägt sie mit sich. Der Romancier früherer Zeiten (noch Stendhal) hatte ein leichtes Spiel, seine Figuren zu exekutieren, sie auf die eine oder andere Weise loszuwerden, oder seinen Roman schlicht unvollendet zu lassen, wenn er nichts mehr mit ihnen anzufangen wusste: wenn sie die Entdeckung des Lebens ausgelebt hatten; wenn sie sich hinreichend an Liebe und Ehrgeiz versucht hatten; wenn sie hinter eine Vielzahl von Illusionen gedrungen waren und allzu viel Klarheit erlangt hatten. Aber dieser Bequemlichkeit des Romanhaften geben wir uns nicht mehr hin. Außerdem ist man nicht der Romanautor seines eigenen Lebens.

11

Tatsächlich leben wir nicht mehr in jenem Zeitalter, in dem sich die philosophische Fragestellung mit ausreichend Abstand zum Subjekt auf mehrere Ebenen verteilen ließ, die einander ohne weitere Diskrepanzen gegenüberstehen und sich koordinieren: Was kann ich „wissen" – was soll ich „tun" – was darf ich „hoffen". Erkenntnis, Moral und Unsterblichkeitsglaube stellen keine Zwecke mehr dar, die sich für allgemeingültig und von vornherein legitim halten. Denn die Wissenschaft ist nunmehr von Zweifeln hinsichtlich ihres Gebrauchs ergriffen, die Tugend ist bis in ihre Ursprünge hinein, die man für heilig hielt, verdächtig geworden, und der Glaube tut sich schwer, irgendein Jenseits, sei es nun eines der Geschichte oder eines des Heils, glaubhaft zu machen. Daher also sind wir, durch eine noch nicht hinreichend untersuchte stille Verkehrung, von einer Moral der *Vorschrift* – jener der Vernunftregeln, der Verhaltensimperative oder des Dogmas – zu einer Ethik der *Förderung* übergegangen. Unser Fragen hat sich auf die menschliche Fähigkeit zurückgezogen, das Leben als *Existenz* zu entfalten. Was bedeutet jedoch „existieren", wenn ich daraus – indem ich es dem Denken des Seins ablocke, um darauf ein Denken des Lebens zu gründen – das moderne Verb mache, den entscheidenden Begriff, um den alles sich dreht? Aus ihm geht dieser frühmorgendliche Gedanke hervor: Wird es mir gelingen, mich von meinem früheren Leben – von meinem in seiner Welt festgefahrenen Leben – zu lösen, um einen neuen Tag zu beginnen? Oder um die Bedingung dieser Frage zu erhellen: Bin ich heute soweit gekommen, mir mein vergangenes Leben zunutze zu machen, um, indem ich darauf zurückkomme und mich davon absetze, mein Leben nicht mehr zu wiederholen, sondern es „wiederaufzunehmen", um mein Leben reformieren und endlich damit beginnen zu können, wirklich zu „existieren"?

Eine solche Fragestellung lässt sich zwar auch auf der Ebene des gegenwärtigen Persönlichkeitsentwicklungs- und Glücksmarkts formulieren, um sich in Hinblick auf sie möglichst billig zu beruhigen. Man kann sie im Rahmen schön zurechtgehobelter Weisheitsbanalitäten einfassen und dabei ein mehr oder weniger heiteres Sichabfinden anstreben. Doch ebenso kann man sich philosophisch mit ihr auseinandersetzen wollen, um einen mutigeren Ausgang zu suchen – das heißt einen erfinderischen.

Ebendies werde ich hier vorschlagen, indem ich das Konzept eines *zweiten Lebens* entwickle.

I. Ein neuer Anfang?

Wir haben nur ein Leben, das ist ganz offenkundig. Wir können unser Leben nicht verlassen und wieder zu ihm zurückkehren. Kaum ist man sich seiner selbst bewusst geworden, stellt man fest, dass man in dieser kontinuierlichen Partie eingeschlossen ist, die uns von Akt zu Akt führt, von Stunde zu Stunde, vom Schlaf zum Wachen, ohne Zäsur oder Unterbrechung, ohne Pause und ohne Zwischenspiel, ohne Einhalt und Ruhe – ohne eine „sichere Rast": In dieser Partie gibt es kein Draußen, von wo aus man seinen Platz neuerlich einnehmen könnte. In einer zügigen Bewegung geht es vom Aufschwung der Jugend bis hin zur Erschöpfung: „ein Leben". Wir haben kein Leben zum Auswechseln und kein Ersatzleben. Wir können das Leben nicht von Neuem ausspielen, wie man einen Würfel ein zweites Mal wirft oder wie man einen Spielstein vom Brett entfernt und neu setzt – wie Antiphon sagte: *anathesthai ton bion ouk estin*. Das Leben kann kein zweites Mal gespielt werden, es ist keine Partie, die man neu beginnen kann. Deshalb muss man sich, schließt der Moralist, voll und ganz in den gegenwärtigen Augenblick einbringen, da dieser Augenblick niemals wiederkehren kann, und sich hüten, Dinge zu verschleppen. Deswegen darf man das Leben nicht verschieben, indem man sich stets nur vorbereitet und alles auf morgen vertagt, ohne je zu leben. – Oder aber es wird behauptet, es gebe ein „anderes Leben", für das dieses hier tatsächlich nur Vorbereitung und schmerzvolle

Vorausschau ist: das Leben im Jenseits, das „wahre Leben", *vera vita*, im „Paradies", das Leben, das entschädigt und belohnt, auf das man wartet, das der Glaube verspricht und dessen Eingangstür der Tod ist. Dann erst hebt sich angeblich ein Vorhang und das Leben kann beginnen ...

Nun werde ich mich hier von dem einen wie vom anderen lossagen, vom Glauben ebenso wie von der „Evidenz", um mir die Frage zu stellen, ob nicht ein „zweites" Leben möglich und sogar erreichbar ist. Um mich zu fragen, ob im Leben nicht ein neuer Anfang statthaben kann, ohne dass man doch ein Anderswo oder eine Hoffnung beschwören müsste; ohne der Versuchung nachzugeben, einen unmöglich zu rechtfertigenden Bruch in der Erfahrung einzuführen: Dieser würde die Prozesshaftigkeit zertrümmern, die den Lauf des Lebens ausmacht und auf die allein ich mich folglich verlassen kann, ohne in die alte Mythologie von der Auslöschung des Vergangenen und von der Wiedergeburt zurückzufallen. Inwieweit kann ich – innerhalb der Kontinuität meines Lebens – von neuem zu leben beginnen? Das *zweite* Leben kann, da es kein anderes Leben gibt, nur dieses Leben hier sein, wobei es sich fortsetzt und zugleich ausreichend von sich selbst dissoziiert, sodass ein Neubeginn sich abzeichnen kann, sodass etwas in unserem Leben neu ausgespielt werden kann. Und sogar so, dass unser Leben in seinem Ablauf selbst ein neues Leben gebären kann, das durch Abstandnehmen vom vorherigen – das heißt durch eine *Abkehr* vom gewöhnlichen Leben, durch ein Ausscheren aus dessen Spurrille, *ektos patou* – ein Leben ist, das endlich anfangen kann. Das also nunmehr auf Grundlage dessen gewählt wird, was bereits darin zu erkennen war. Dieses zweite Leben ist ein befördertes Leben, in dem wir *endlich* zu existieren beginnen.

Dies also, ohne dass ein Einschnitt verkündet würde, ohne ein großes, von außen kommendes Ereignis oder eine

Bekehrung. Ohne Sturz vom Ross, der uns eines Tages auf Haaresbreite dem Tod nahegebracht hätte. Ohne einen Wagenunfall, auf den die Offenbarung folgt: ohne dass die Kutsche gegen die Brüstung des Pont de Neuilly hätte prallen müssen und umgekippt wäre[1] – da ist kein Schleier, von dem man hoffen könnte, dass er plötzlich durch irgendeine Katastrophe zerrissen wird und dass dahinter eine Wahrheit zum Vorschein kommt. Dieses „zweite Leben" geht aus der Immanenz des Lebens selbst hervor, eines Lebens allerdings, das so weit elaboriert und reflektiert worden, so sehr zur Übereinstimmung gelangt ist, dass irgendetwas, das es noch einengte, sich allmählich ganz von selbst endgültig gelöst hat; dass eine Entscheidung stumm herangereift ist, sich vertieft und bestärkt hat, auf die man sich immer besser stützen kann, um sich ein wenig von sich selbst zu lösen, vom Haftvermögen der eigenen Vergangenheit, und sein Leben neu zu beginnen. In diskreter Weise überdenken wir unser Leben, es erhält neuen Schwung, lichtet seine Verpflichtungen aus und gibt neue Möglichkeiten frei, bis man eines Tages, sich diese heimlichen Windungen zunutze machend, hinreichend Abstand erlangen kann, um erstmals imstande zu sein, sein Leben als Ganzes neu zu betrachten und ihm eine neue Orientierung zu geben: es von der Last zu befreien, die es beschwerte, die Stricke zu lösen, die es umfingen und banden, in einer „Flaute", am Dock – und ihm einen neuen Aufbruch zu schenken. Oder ist es nicht gar womöglich der erste?

Man kann also von einem „zweiten Leben" sprechen, nicht etwa weil man plötzlich mit einer „zweiten Sicht" begabt wäre, sondern weil sich in dem Blick, den man aufs Leben richtet, allmählich etwas Verstand abgelagert hat, weil über Nacht eine Art Klarsicht gekommen ist, sodass man endlich wahrzunehmen beginnt, nicht etwa hinter den Dingen – aufgrund eines Risses, der die Wahrheit einer anderen Ordnung, die uns sonst verborgen wäre, sichtbar macht –, sondern durch sie *hindurch*. Im dicken Teig des Lebens würden damit Zusammenhänge durchscheinen, die man zuvor nicht bemerkt hat. Das bedeutet, dass man nun eine *Feinzeichnung* des Lebens zu erkennen beginnt, die in seinem Flechtwerk Konfigurationen sichtbar macht, innerlicher als man geglaubt hätte, und vor allem als man es uns je gelehrt hat (könnte man das überhaupt?) – das möchte ich *Luzidität* nennen. Sie zeichnen ein ganz anderes Bild als jenes, das man vom Leben anfangs wahrgenommen hatte, sie breiten sich vor unseren Augen aus, während sie zugleich in der Materie des Lebens selbst eingeschlossen – „begriffen" – sind und sich von ihr nicht ablösen lassen. Auch errichten sie abseits des Konkreten keine andere Erkenntnisebene, die theoretischer oder metaphysischer Ordnung wäre, sondern bleiben „im Elemente" der Erfahrung, dieses Mal jedoch der *gewahrten*. Gewöhnlich ist es die Literatur (der Roman), die sie explizit macht, nicht die Philosophie. Weil sie nicht abstrakt sind, können sie neuen Halt geben, nicht einen Zugriff auf das Leben (wobei dieses „auf" die ragende Distanz eines Äußeren bezeichnete), sondern Halt *im* Leben, das heißt in seinem Grundgewebe und seiner stofflichen Dichte: *auf gleicher Höhe* mit dem Leben und seinem einzigartigen Ablauf. Denn wenn die Erfahrung sich klärt, wandelt sich der Horizont und eine andere *innere* Szene taucht auf. Nicht ein Jenseits wird projiziert, sondern unerforschte Ressourcen werden unten, im Diesseits entdeckt. Ist dieses zweite Leben nicht womöglich etwas wie ein „zweiter Wind", oder sagen wir eine zweite Chance (*chaance*: die Weise, wie einmal die Würfel gefallen sind)? Dann muss man sich allerdings fragen, was dieses „zweite" bedeuten kann.

Denn die Rede von einem „neuen" Leben (Neuanfang), wie ich sie zunächst vorgebracht habe, ist ihrerseits nicht ganz zutreffend, beruft sich noch zu sehr auf die Vorstellung und die Bequemlichkeit eines „Einschnitts" – sie war nur ein

Versuch anzudeuten, worum es geht. Denn ein *neues Leben*, das man auf Wunsch herbeibeschwört und das mit einem Schlag unsere Existenz völlig verändern würde, ist nicht möglich. Es sei denn man projiziert, wie ich schon sagte, den Bruch einer Bekehrung hinein, entblößt den „alten Menschen", den *palaios anthropos*, komplett und kleidet ihn neu ein, wie es das religiöse Denken gerühmt hat – doch müsste man damit den „Skandal" hinnehmen, den ein solcher Hiatus mit seiner Willkür für die Vernunft darstellt. Und schleppt man nicht etwa trotz der verkündeten Befreiung immer noch alle möglichen Lumpen der Vergangenheit mit sich herum? Es gibt kein so großes Ereignis oder Aufwallen, nicht einmal auf dem Weg nach Damaskus, dass es das Leben radikal verändern könnte – allerhöchstens kann es sich um eine Umkehr handeln. Deswegen ist ein *zweites Leben* immer nur in der Fortsetzung dessen möglich, was man rückblickend das „erste" nennen wird. Von diesem grenzt es sich unmerklich ab, ehe es sich behauptet. Stets wird ein zweites Leben stufenweise extrahiert, es setzt sich ab, indem es sich allmählich dem eingeschlagenen Lebensweg entzieht, obwohl es zugleich von diesem herrührt, und eröffnet dabei wieder neue Möglichkeiten: durch langsame Reifung, minimale Veränderungen, kaum sichtbare oder anekdotisch scheinende Abweichungen, die sich jedoch nach und nach miteinander verbinden, sich verzweigen, verstärken und gerinnen, sich strecken und an Intensität gewinnen, bis sie erste Umstürze hervorrufen, die noch weitgehend unserer Aufmerksamkeit entgehen, während man schon beginnt, sie anzunehmen.

Natürlich möchte man zu jedem Jahresende an das neue Jahr, ans „Neujahr" glauben: an die Möglichkeit eines „Neuanfangs" – der Ausdruck selbst ist so verlockend; an die Macht der Resolution – der Revolution –, die auf einen Schlag alles neu beleben könnte. „Heute nun ändere ich mich ..." – wer hat sich das noch nie gesagt? Doch trotz all dieser Bemühungen und des guten Willens bleibt es dennoch beim „frommen" Wunsch. Ich kann, wenn es auch nur symbolisch ist, das Datum dieses Neuanfangs fixieren, doch vergebens. Ich kann dekretieren, so wie es der Erzähler (aus *Im Schatten junger Mädchenblüte* [2]) Gilberte schreiben will, dass „wir vom 1. Januar an eine ganz neue Freundschaft aufbauen werden", „so beständig, dass sie durch nichts zu zerstören ist ...". Ich kann glauben, wie in einem Glaubensakt, bei Null anzusetzen und alles neu zu beginnen: „Gilberte noch einmal neu kennenzulernen, so wie im Moment der Schöpfung", also so, „als ob noch keine Vergangenheit existierte". Gleichwohl bleibt das alte und quälende Begehren bestehen – das Begehren, sie zu lieben, oder bessergesagt das Begehren, dass sie mich liebe – ein starrköpfiges und dauerhaftes Begehren. Von ihm ausgehend, von diesem Sockel, der mich zum Lehnsmann der Vergangenheit macht, projektiere ich in utopischer Weise einen Einschnitt. Wenn man also, fährt Proust fort, „wie man die blinden Gesetze der Natur mit einer Religion überlagert", versuchen will, „dem Neujahrstag die bestimmte Vorstellung aufzuprägen, die ich mir von ihm gemacht hatte", bleibt das doch vergebens. In diesen Dämmerstunden des ersten Tages hatte ich, unterwegs auf der Straße, „die ewiggleiche, gewöhnliche Materie, die wohlbekannte Feuchtigkeit, die ahnungslose Fluidität der alten Tagen wiedererkannt". Ein Ich-Subjekt, wie stark auch sein Wunsch sein mag, Neues in sein Leben einzuschreiben, und sogar wenn es sich auf seine Initiative versteift, kann weder die es umgebende, prägnante, stagnierende Verhüllung der Welt noch ihren „isotopischen" Gehalt („Feuchtigkeit", sagt Proust) durchbrechen. Das Leben, und zwar vor allem in mir selbst, bleibt nur allzu sehr sich selbst verhaftet.

Man kann also das Spiel nicht neu beginnen: zu glauben, ein „neues Leben" anzuschneiden, die Szene von einem (ersten) Anfang weg neu zu spielen – *„dé-but"*: der Würfel (*dé*) fällt zum ersten Mal. Hat es aber tatsächlich einen *ersten* Anfang gegeben? Wenn sich die Frage stellt: Inwieweit kann man im Leben eine Initiative wiederfinden, indem man es von dem loslöst, was es gewesen ist? – dann verlangt dieses Fragen, selbst ins Vorher verschoben zu werden. Haben wir, wenn dieses „Wiederfinden der Initiative" an sich problematisch ist, überhaupt je eine erste *Initiative* gekannt? Denn wenn es auch so etwas wie einen Anfang (ein *initium*) gegeben haben muss, wie viel „Initiative" des Subjekts hat dieser zugelassen? Nicht nur stand ein solches „Subjekt" bei diesem ersten Mal unter Einfluss (des Milieus, der Sprache, der Erziehung usw.: alles dessen, wovon sich Descartes' *cogito* befreien will), vielmehr waren wir, als wir, wie man sagt, „ins Leben traten", recht unfähig zu wählen, wie wir leben wollten, und machten kaum die Erfahrung eines ersten Beginnens. Wenngleich wir dabei durchaus etwas treffen mussten, was sich in Form von „Entscheidungen" (über die Lebensweise, den Beruf, die Liebe ...) vergegenständlichte, wählten wir zum größten Teil blind: Nicht nur wussten wir nicht, was wir wählten, sondern vor allem wussten wir nicht einmal, *dass* wir wählten. Es hat nie den ersten – furchtbar abstrakten – Augenblick gegeben, wo wir tatsächlich angefangen haben zu entscheiden, was für ein Leben wir „wollen". Diese „ersten" von uns getroffenen Entscheidungen nämlich stellten sich erst nachträglich als „Entscheidungen" heraus, waren aber doch ziemlich endgültig; was uns zu diesen Entscheidungen veranlasst hat – und zunächst dahin geführt hat, dass da überhaupt eine Wahl (ein Anfang) war –, das ist uns entgangen.

Erst in einer *zweiten* Phase also kann sich, selbst wenn ein „neuer" Anfang folglich nicht möglich ist, etwas abzeichnen, was einem Anfang ähnelt; kann etwas, was einer Auswahl nahekommt, entstehen. Nur durch die Klärung unserer Erfahrung und ein Abstandnehmen von dem, was sie unaufhörlich impliziert und aufdrängt oder eindämmt, kann etwas, was einer Initiative wenigstens sehr nahe kommt, hervortreten. Denn erst in dem, was sich allmählich als mögliche zweite Phase abzeichnet, nachdem man begonnen hat, in der Feinzeichnung wahrzunehmen, worum es im Leben geht, das heißt, nachdem man auch begonnen hat, die möglichen Wirkkräfte eben in diesem Grundstoff des bereits begonnenen Lebens zu erkennen, kann man auf sein Leben zurückkommen und anfangen, dieses Leben effektiver zu leben. Wird die Bedingung, die ein solch spukhaftes Beginnen ermöglicht, nicht womöglich erst gegen Ende verwirklicht? Denn zum Zeitpunkt des berühmten Einstands im Leben hatten wir zu ihm keine Distanz und daher auch kein Bewusstsein vom (für das) Beginnen. Wenn wir nunmehr jedoch auf das vergangene Leben zurückblicken, kommen wir dieser Fähigkeit, etwas in Gang zu setzen, näher. Das „Neue" („erste") ist utopisch (der mythische Anfang); indes hat sich das *zweite*, das sich von diesem Anfang abhebt, der als solcher nie existiert hat, unter der Hand eingeschleust und sozusagen *dazwischen*-geschoben. Ein neues Leben mag es zwar nicht geben, doch in der *Wiederaufnahme* (*reprise*) des Lebens kann man sich nunmehr – indem man korrigiert, was im Leben womöglich schlecht gewählt worden war, vor allem aber indem man sich in die Lage versetzt, durch den erlangten Abstand dort wählen zu können, wo vorher keine Wahl bestand – „heraushalten" (*ex-sistere* heißt es auf Latein), sich *außerhalb* dessen halten, was das Leben bestimmte und in Grenzen fasste, von denen man nicht einmal wusste, dass man ihnen unterworfen war: Man kann beginnen, aus den Begrenzungen hinauszutreten, die man für schicksalshaft oder wesenhaft abgesteckt hielt, und in der Folge kann man beginnen – im eigentlichen Sinn des Wortes, der hier aber zu begünstigen sein wird – zu „ex-istieren".

II. Geklärte Wahrheiten

Ich habe die Verwandlung, die geräuschlos vor sich geht und von der man nicht spricht – Stille auf beiden Seiten –, die *stille Verwandlung* genannt. Da sie umfassend und kontinuierlich ist, hebt sie sich vom Lauf unseres Lebens nicht ausreichend ab, als dass man sie sogleich bemerken würde. Dann, nachdem sie sich unaufhörlich weiter verzweigt und verfestigt, beginnt diese Verwandlung, wie eine Schaumspur eines Tages sichtbar zu werden: Endlich kommt ein Ergebnis zum Durchbruch, das unsere Aufmerksamkeit einfordert. Und dieses Hervortreten ist sogar umso geräuschvoller, als wir seine Entwicklung zuvor nicht wahrgenommen haben. Nun geschieht das Hervortreten eines zweiten Lebens aus dem Leben selbst auf folgende Art: Ausgehend vom winzig Kleinen, das sich ansammelt, vollzieht sich eine Biegung, die uns allmählich von dem wegführt, was dann rückblickend, mit gegebenem Abstand, als ein „erstes" Leben erscheint. Man muss also diesen zweiten Aufbruch im Leben als Gegenteil eines plötzlichen Einbruchs denken und als Gegenteil all dessen, was das Prozesshafte der Erfahrung stören würde: Durch unterirdische Verschiebungen, die sich ohne unser Wissen vollziehen, beginnt eine Neuorientierung, durch stumme Neigung, die der Aufmerksamkeit und folglich dem Willen entgeht. Dann (aber), wenn sie sich hinreichend bestätigt hat, kommen – ausgehend von all den kleinen Verschiebungen, die durch gegenseitige Verstärkung ins Bewusstsein dringen –

23

Entschluss und Verantwortung des Subjekts ins Spiel. Eine „Reform" des Lebens kann beginnen.

Es handelt sich streng genommen also weder um eine Häutung noch um eine Mutation: *Häutung* ist zu kontinuierlich organisch, während *Mutation* die Immanenz dieser Entfaltung durchbrechen würde. *Reifung* (der ihre Bekundung auf den Fersen folgt: das berühmte „er ist reifer geworden") gibt ebenso wenig Rechenschaft von dem, was eben innerhalb dieses Prozesshaften zwar nicht gebrochen ist, doch Risse bekommen und damit ein neues Mögliches ausgelöst hat, das zu diesem Kippen führte. Das zweite Leben hält durch Implikation Einzug in das erste, während zugleich ein Freiraum erkennbar wird (entsiegelt wird), der sich davon ablöst. Tatsächlich wird ein *Freiraum* nur soweit verwirklicht, als man sich nach und nach aus den zugemuteten, zugleich gegebenen und erduldeten, Bedingungen heraushebt und sich „draußen hält" – das ist es, was ich „ex-istieren" nennen werde.

Denn einerseits offenbart im Lauf der Jahre die Kohärenz, nach der sich mein Leben voreilig zu entwickeln begann, auf die ich mich blind tastend, ohne ausreichend darüber entscheiden zu können, eingelassen habe, von selbst ihre Grenzen und verlangt folglich nach ihrer Überwindung. Eine „primäre" Logik, die man vielleicht die Logik des *Drangs* und der Eroberung nennen kann, des Ehrgeizes und der Besitznahme, das heißt auch der zur Schau getragenen Leistung, die nach Anerkennung heischt: sich der Welt aufdrängen und einen Platz darin erringen. Andererseits ist doch ein zweites Leben, sich einem Neuanfang annähernd, nur möglich, wenn sich das Subjekt die Gesamtheit seiner Nicht-Übereinstimmungen mit diesem ersten Leben, in das es ohne ausreichenden Abstand und Orientierung, um von sich aus entscheiden zu können, „eingetreten" ist, zunutze macht und die Fähigkeit erlangt – eine im eigentlichen Sinne ethische Fähigkeit –, sich davon abzukoppeln, und zwar durch kleine, sukzessive Verschiebungen, bis es das beiseitelegen kann, was es solcherart „stützte". Bis es sich endlich davon „loslösen" kann: Die Konsequenz daraus, dass es sich von den *Anhaftungen* des ersten Lebens freimacht, ist eine Initiative. Auf diese Weise geht eine zweite Wahl des Lebens – oder sagen wir: die Wahl eines zweiten Lebens – vonstatten, die sich, progressiv wie sie eben ist, zur ersten effektiven Wahl *entwickelt*. Die „Freiheit" ist tatsächlich keine primäre Gegebenheit, wie es die Metaphysik gerne wollte, wobei sie die Welt entzweite und die Erfahrung zerbrach; sondern sie ist im Gegenteil ein durch Abwendung vom aufgezwungenen Primären vollzogener *sekundärer* Erwerb, ein Aufstieg des Subjekts, durch den eben es sich erst zum „Subjekt" befördert.

Denn entweder verschließt man seine Augen vor dem, was sich an diesem ersten Leben erschöpft hat, das seine vom Schein verdeckte Nichtigkeit enthüllt und daher nach seiner Überwindung verlangt. Solange das Bannsiegel seiner ersten Ziele, das heißt der von der Welt vorbestimmten Ziele des hastigen Drangs, noch nicht gebrochen ist, kommt also die Wirkung (Bemühung) des Bewusstseins nicht zum Tragen, die es erlaubt, sich von ihnen zu lösen: Sie verfestigen sich im Gegenteil zur Anhaftung und zur Fixierung. Das Leben gräbt sich tiefer in seine Spurrille, ein *festgefahrenes* Leben. Oder aber man beginnt – da sich durch Reflexion des vergangenen Lebens (über dieses Leben: das aus dem Abstand geborene „über") Bewusstsein angesammelt hat, wobei diese, wie man sagt, Bewusstseins-„ergreifung" sich erst im Ablassen von den zuvor eingegangen Abhängigkeiten bestätigt –, diese Scheidung vom ersten Leben zu akzeptieren, das aus Bedürfnis und Befangenheit geboren und damit weitgehend aufgezwungen war: Man fängt an, wie es heißt, „Bilanz zu ziehen", überprüft und korrigiert immer entschlossener seine früheren Verpflichtungen, revidiert seine Investitionen und „reformiert" sein Leben. Eine *Wiederaufnahme* des Lebens, die kein Alter hat, eine Reform, mit der alles beginnen kann. Eben hiermit beginnt sich eine *Initiative* abzuzeichnen; wirklicher Manövrierraum – also Spielraum für eine Wahl – kann daraus resultieren; tatsächliche Freiheit kann entstehen: Indem es sich von der Beschränktheit des ersten Lebens abkoppelt, also auch die Solidarität mit seiner Welt hinter sich lässt, kann ein Subjekt, das sich aus der Geschlossenheit des Ich befreit, zum Vorschein kommen. Es behauptet sich also als *ex-sistierendes* Subjekt. Tatsächlich ist die erste Frage, die ich mir einem anderen gegenüber stelle, nicht im eigentlichen Sinn moralisch, sondern lautet vielmehr: Hat er ein zweites Leben begonnen? Ist er dabei (bereit), einen Zugang zu ihm zu finden? Und wie kann ich ihn andernfalls zu dieser Erfahrung hinleiten, da sie sich doch nicht direkt kommunizieren lässt?

Denn warum würde man länger leben wollen, wenn nicht, um Zugang zu diesem *zweiten* Leben zu finden? Außer vielleicht aus einem bloß negativen Grund (den Tod hinauszuschieben?) – doch das physische Leben beginnt so rasch zu welken! Es geht, besser gesagt, nicht nur darum, Zugang zu diesem zweiten Leben zu finden, indem man einen zweiten Anfang setzt, sondern auch darum, darin fortzuschreiten. Denn sobald man einmal begonnen hat, in der Feinzeichnung, indem man sie vom Raster oder Grundstoff des Lebens unterscheidet und entwirrt, wahrzunehmen, dass das Leben überhaupt nicht so ist, wie man es uns beigebracht hat; wenn, mit anderen Worten, das Leben selbst in seinem Verlauf einen anderen Entwurf offenbart als den öffentlich bekannt gemachten; wenn wir folglich begonnen haben, im Laufe der Zeit die *Beschränktheit* des Lebens, die sich hinter den Lehren der Moral und

Erziehung verbarg (und vor allem das *Bedürfnis* nach Macht und Anerkennung und den ewigen Kampf innerhalb mehr oder weniger verschleierter Kräfteverhältnisse, sogar in der „Liebe"), zu durchschauen und zu erkennen – dann erscheint endlich eine Alternative, eine tatsächliche Wahl zeichnet sich ab. Meine ersten „Entscheidungen" waren sichtlich zu sehr *geführt*, um Entscheidungen gewesen zu sein. Und wenn sich hier nun endlich eine Wahl abzeichnet (als Möglichkeit einer Initiative, Behauptung eines Subjekts), dann liegt das nicht an einem Selbstbestimmungsvermögen des Willens, der sich *ad hoc* entscheidet, man weiß nicht wie, plötzlich, das heißt metaphysisch, wie man es sich allgemein vorgestellt hat: auf eine, um die Wahrheit zu sagen, schrecklich abstrakte und theatralische Weise. Sondern vielmehr daran, dass ich mich allmählich losgemacht habe, begonnen habe, Abstand zu gewinnen, um abzuwägen und zu vergleichen, und sich daraus die Möglichkeit zur Wahl ergeben hat. Daher bleibt diese Wahl graduell, offenbart eine solche Alternative sich *langsam* und stellt sich niemals als Wegkreuzung dar – wie es, allzu bequem, die Moral gern gehabt hätte – oder sonst in einer Weise, die bereits resultativ ist.

Ist das dann nicht tatsächlich jene Alternative, die nicht aus der Moral, sondern aus dem Leben hervorgegangen ist; nicht verordnet wurde, sondern sich *ergeben* hat: die effektiv – das bedeutet auch schrittweise – eine Schwelle bilden würde, wobei sie die Existenzen absondert? Entweder ich beteilige mich an dem, was ich nach und nach vom Leben selbst entdecke und was keineswegs dem ähnelt, was man mir beigebracht hat (oder vorgab, mir beizubringen) – es ist „nicht gut" zu lügen und zu schmeicheln, zu drängeln und zu intrigieren usw. –, das heißt, ich spiele mein Spiel mit (in) diesem gesellschaftlichen Schein (die kühle Lektion, die Vautrin Rastignac erteilte), um mir, indem ich mich

27

diesem Gesetz der Notwendigkeit füge, meinen Weg zu bahnen und „durchzukommen" – das hässliche Verb dieses Realismus. Aber gibt es dabei wirklich eine Wahl? Ich folge nur mehr oder weniger bewusst – geschickt – dem gewöhnlichen, primären Gesetz des Interesses. Oder ich beginne, auf meine früheren Entscheidungen zurückzukommen, die nicht wirklich Entscheidungen waren, löse mich nach und nach von meinen vorherigen Investitionen und sortiere erstmals aus. Denn eine tatsächliche Wahl kann nur in prozesshafter Weise selektiv sein, entgegen der allzu abgeflachten, ausgebreiteten Vorstellung einer „Wegkreuzung", die ich erwähnte, das heißt, zu einem großen Teil *bereits* retrospektiv. Ich ziehe mich also nicht aus der Welt zurück (vom „Bösen": Bequemlichkeit des Religiösen, die nur ein Asketismus der Umkehrung ist). Sondern ich beginne, mein Leben abhängig von diesen Wahrheiten, die nicht kodifiziert sind, sondern sich durch das Leben selbst geklärt haben und langsam aus ihm hervorgetreten sind, neu auszurichten: Wahrheiten, die niemals gelehrt wurden und auch kaum zu lehren sind, die vielmehr nur *erhellt* werden können, wozu die Literatur, im Unterschied zur Philosophie, dient – der Gewissensroman (von Stendhal bis Proust in Frankreich oder das, was man bei Tolstoi liest) –, und die ich nicht vorhersehen konnte.

Es geht hier also um das Wesen der Wahrheit selbst, um eine Herausforderung für die Philosophie oder wenigstens darum, was sie als ihre Grenze beunruhigen sollte: dass es Wahrheiten gibt, die erst durch die Zeit offenbart werden; nicht im Augenblick (der Argumentation), sondern durch *Freisetzung*. Man glaubt nämlich, die Wahrheit könne aus sich selbst heraus, *index sui*, überzeugen, sei auf der Stelle zugänglich, weil sie, prinzipiell auf die Vernunft sich berufend und in ihrem Aussagen begriffen, rechtmäßig jedem Geist einzugliedern ist, der sie zur Beurteilung überprüft, woher auch ihre Universalität rührt. Doch man entdeckt, dass es Wahrheiten gibt, die anderer Ordnung sind: die sich nicht beweisen lassen, sondern sich *klären*. Nicht dass es sich um hartnäckigere, widerständigere (abstoßendere) Wahrheiten handelt, die man, wie Nietzsche es ausdrückte, lange wiederkäuen, über die man nachgrübeln muss, um sich mit ihnen vertraut zu machen; oder theoretischere, vielleicht auch apophatischere, die mehr Elaboration oder Verstandes- und Begriffsarbeit erfordern, um zu ihnen Zugang zu erlangen. Es geht vielmehr darum, dass es neben den dargelegten, argumentierten Wahrheiten auch noch sekretierte Wahrheiten gibt, die erst mit Verzögerung an die Oberfläche treten. Wahrheiten, die man nicht durch einen Streich des Verstandes erlangt, sondern die von einem langsamen Bewusstwerdungsprozess herrühren. Wahrheiten, die nicht herzuleiten sind, zu denen man vielmehr durch den Lauf des Lebens selbst hingetragen wird, die in seinem Grundstoff selbst ausfindig gemacht und erkannt werden: Wahrheiten, die nicht verordnet werden, sondern „ausgeschwitzt". Diese Wahrheiten sind *resultativ*, insoweit sie aus einer Ablagerung und Anhäufung von „Erfahrung" hervorgehen – der Begriff selbst ist zu überdenken. Sie sind von anderer Intelligibilität: nicht der des Verstandes, sondern der der Einsicht, hervorgegangen aus einer Prägnanz und ihrer Emanation. Die Erlangung dieser Wahrheiten lässt sich nicht vorwegnehmen. Man verstand sie schon vorher, nur haben sie da noch nicht zu uns gesprochen. Daraus, dass man sie sich verzweigen lässt und reflektiert, sie aufsammelt und sich zunutze macht, geht nun die Möglichkeit eines zweiten Lebens hervor.

Es gibt jedoch eine Möglichkeit, solche Wahrheiten, die sich nicht hetzen lassen, zu präzipitieren – im zeitlichen Sinne (beschleunigen) wie im chemischen (zum Niederschlag bringen). Und zwar indem man den Tod nicht mehr bloß als „vage Erfahrung" in ihrer Unbestimmtheit zur Kenntnis nimmt, als *experientia vaga*, wie Spinoza es nannte, sondern dem *eigenen* Tod fest ins Auge sieht, als der einzigen Zukunft, derer man sich sicher sein kann: als der einzigen Sache, von der ich absolut gewiss sein kann, dass sie mir zustoßen wird, und nach der ich mich richten kann. Ich wusste es schon vorher, aber ich „realisierte" es nicht; das heißt, vorher wusste ich es mit einem Wissen, von dem ich nichts wissen wollte, das ich deshalb auch nicht verinnerlicht habe, so sehr setzt alles in mir, als Lebendem, diesem Wissen von meinen Tod Widerstand entgegen und lässt mich davon abschweifen. Nun, wenn man sich endlich seinen Tod vor Augen führt, wenn man beginnt, ihn mit immer größerer „Festigkeit" zu betrachten (entgegen dem berühmten „Nicht der Sonne und nicht dem Tode ..."[1]), das heißt, wenn dieser Terminus *a quo* effektiv gesetzt ist, was jedoch nichts mit einem Zustand der Depression zu tun hat (sondern im Gegenteil offensiv ist), hat eben dadurch schon ein zweites Leben begonnen. Nicht etwa, dass ich mich dazu entschließe: Das zweite Leben hat vielmehr *de facto bereits* begonnen. Auch dass Philosophieren „sterben zu lernen" bedeute, ist also kein Gemeinplatz der Moral, kein Lehrstück der Entsagung oder der Resignation, sondern besagt im strengen Sinne dies (wobei das im Übrigen der entgegengesetzten Formel keineswegs widerspricht: dass Philosophieren heißt, „leben zu lernen"): Sobald man sich seinen Tod vor Augen führt, sozusagen einen Totenschädel sich auf den Tisch legt, ist man *ipso facto* in ein zweites Leben getreten. Es gibt nicht einmal mehr eine „Wahl" (darin „einzutreten" oder nicht). Das erste Leben ist jenes, in dem man dem Angesicht seines Todes ausweicht. Das zweite Leben hingegen ist jenes, das sich eröffnet, weil ich begonnen habe, meinen Tod als Verfallsdatum zu setzen. Denn damit wird eine zweite Phase im Leben definiert.

30

Unserer Gegenwart fehlt, wie es so oft gesagt wurde, in der Tat an sich jede Beständigkeit: Im kontinuierlichen Übergang zwischen Zukunft und Vergangenheit hat sie keine Grenzen, durch die sie sich bestimmen ließe. Als Punkt des Übergangs vom einen zum anderen kommt ihr nicht mehr Ausdehnung zu als einem Punkt und folglich auch keine Existenz. Nun, da sie uns doch unaufhaltsam entflieht, leben wir denn dann „wirklich" (und nicht etwa nur „im Traume", *onar*, ὄναρ, wie die Metaphysik sagt?) – wo wir doch ausschließlich in der Gegenwart leben können? Um aus dieser Sackgasse zu entkommen und wieder eine Gegenwart zum Leben („in der" man lebt) zu finden, haben die Stoiker beschlossen, ihre Ausdehnung handlungsbezogen zu denken: Der Spaziergang existiert für mich, solange ich spazieren gehe, wobei er so seine Gegenwart isoliert und einfasst (Chrysippos). Doch über die Grenzen dieses von der sinnlichen Wahrnehmung erfassten Aktes geht man im Denken auf beiden Seiten, in seiner Erwartung und der Erinnerung an ihn, hinaus, und die wesentliche Kontinuität im Lauf eines solchen in „Akte" unterteilten Lebens, welche allein eine Gegenwart zeitlich herstellen, geht uns verloren. Setze ich jedoch heute *meine* Bewusstwerdung „meines" Todes als den ersten Terminus, wobei dieser kommende Tod in endgültiger Weise den zweiten bildet, wird damit wirklich ein „Präsens"/„Präsent" – Aktualität und Gabe zugleich – abgegrenzt, das sich damit vom endlosen Fluss der Dauer (vom unendlichen *aion*) als jene Zeit abhebt, in der *ich noch existiere*. Meine Gegenwart ist das, was sich mir zwischen dem heutigen Tag, da ich mir meinen Tod tatsächlich vor Augen führe, und eben dem Tag meines Todes in einem Stück präsentiert – sich mir darbietet: sowohl mit einer einzigen „Kunft" (da es sich nicht länger zwischen Zukunft und Vergangenheit heraustrennen lässt) wie auch mit einer einzigen Ausdehnung (von dem Augenblick, da ich meinen Tod denke, bis zu seinem Eintritt). Nun, bevor ich in die Lage gekommen war, meinem Tod wirklich ins Auge zu sehen (ihn mit „festem" Blick zu betrachten), was an sich schon die Schwelle zu einem zweiten Lebens bezeichnet, war diese Gegenwart, diese konsistente Gegenwart, für mich nicht sichtbar. Jetzt jedoch tritt sie ohne jedes Zwingen heraus, extrahiert sich aus dem hämorrhagischen Lauf der Dauer, hält sich draußen – „ex-istiert" – allein durch das Bewusstsein, das ich so von meinem Tod erlange und das ich entschlossen ausschöpfen kann.

Damit ist die „Gegenwart" nicht länger jene heikle Frage, die sie für die Philosophie darstellt, insofern sie als Augenblick in sich unendlich teilbar ist (Aristoteles); oder insofern sie subjektiv an meiner so fragilen Aufmerksamkeit hängt, gefangen zwischen meiner Erwartung an die Zukunft und meiner Erinnerung an die Vergangenheit (Augustinus). Sie ist vielmehr die aktive Gegenwart eines zweiten Lebens, welches damit beginnt, dass ich ohne weiteren Aufschub, aber auch ohne Selbstmitleid, dem nicht zu datierenden, doch auch nicht zu bezweifelnden Endpunkt meines Lebens ins Auge sehe. Es geht also nicht darum, verzweifelt nach Langlebigkeit zu streben (der chinesische Hang, „sein Leben zu hegen"); auch nicht darum, von einem anderen Leben zu träumen, indem man Versprechen oder Beweisen der Unsterblichkeit Glauben schenkt; nicht einmal darum, ein „gutes" Leben zu wollen, *agathos bios*, als könnte man prospektiv zwischen gleichermaßen möglichen Leben wählen, die wie Lose (*kleroi*) vor einem ausgebreitet werden, so wie es sich die Griechen (Platon) abstrakt (theatralisch) vorstellten. Sondern es geht darum, diese zweite Phase, die beginnt – damit beginnt, dass ihr Endpunkt für mich sichtbar wird –, nach bestem Wissen zu nutzen. Nach bestem Wissen: Die Kategorie ist weder moralisch noch psychologisch; sie ist vielmehr strategisch: Weil ich endlich *weiß*, dass mein Leben sich mir entzieht, *nehme* ich mich *zurück*, überprüfe meine Verpflichtungen, überdenke meine Investitionen, um weiter vorwärts gehen zu können. Dass ich endlich wage, mein Ende in Betracht zu ziehen – dass ich daran denke, daran zu denken –, bildet gerade die Schwelle zu diesem Anfang. Daher ist das Paradoxon, in dessen Aufbauschen die Moralisten sich so gefallen haben, plötzlich nicht mehr relevant: dass es, sobald man zu leben lernt, „schon zu spät" sei. Oder wie es Montaigne entgegen dem Sprichwort sagt: „Fast besser niemals als so spät". Denn wozu „sich gut aufs Leben verstehen, wenn einem kein Leben mehr bleibt" (*Essais*, III, 10)? Das wäre bloß „Senf nach dem Essen" ... Doch siehe da, ein zweites Leben beginnt in der Tat augenblicklich, ohne dass dazu gute Absichten erforderlich wären, ohne Projektion des Begehrens, ohne Autosuggestion oder Fabulierkunst, allein dadurch, dass ich an sein Ende denke – daran denke, daran zu denken. Vorher nämlich dachte ich nicht daran – konnte es gar nicht. Nun aber, weil ich *endlich* daran denke, kann effektiv ein zweites Leben beginnen.

III. Das Wesen des Zweiten

Dergleichen kommt unter den Zahlen nur einmal vor: für das „Zweite" kennt das Französische zwei Begriffe: *„deuxième"* und *„second"*. *Deuxième* und *second* besagen dasselbe, *deuxième* aber verwendet man prinzipiell dann, wenn die Aufzählung über zwei hinausgehen kann; *second*, wenn die Aufzählung bei zwei endet: Ein „drittes Leben" wird es nicht geben. Ebenso kann höchstens von einem „zweiten Atem" die Rede sein, nicht von einem dritten – das Dritte wäre stets bloß Erweiterung des Zweiten. *Second* hebt sich insofern von der Liste der Ordnungszahlen ab (und im Grunde handelt es sich nicht einmal um eine Ziffer), als es anzeigt, dass das Zweite aus dem Ersten hervorgeht und in Bezug auf es gedacht wird: *„Second"*, *secundus*, bedeutet das Nächste, das „Folgende" (*sequi*). Eben dadurch betont es mehr als die Einordnung in eine Reihe die Wiederholung dieses Ersten. Wenn in Frankreich von einer *Seconde République* gesprochen wird, nicht von einer *Deuxième*, dann eben weil man sie als direkte Wiederaufnahme der Ersten Republik aufgefasst hat, des Modells der großen Vorreiter, was nicht mehr in demselben Maße für die folgenden (die Dritte, Vierte …) gelten würde, die sich fortan im Laufe der Geschichte aneinanderreihen würden. *Second* lässt folglich in einem Ablauf durchscheinen (denken), wie sein Neuanfang beschaffen sein kann. Denn indem es sich diskret von der bloß zeitlichen Folge absetzt, besagt es eine Rückwendung zur Vergangenheit, die sich allerdings nur behaupten kann und überhaupt erst erkennbar wird, indem sie sich von dieser Vergangenheit löst.

Ein „zweites Leben" ist daher wohl ein Leben, das aus dem vergangenen Leben in Kontinuität zu ihm hervorgeht, während es dieses zugleich soweit revidiert, wie es sich von ihm abgrenzt. *Second* setzt also in den Lauf der Dinge nicht einen Einschnitt, sondern, wie ich sagen würde, eine *Faltung*: Kaum dass eine Rückwendung zum vorher Geschehenen begonnen hat, weicht die eingeschlagene Richtung schon ab, wird innerhalb der Wiederkehr selbst eine neue Möglichkeit erkennbar. Eben hierin ist *second* doppelsinnig: Es hat nicht das Vorrecht und die Prätention des Ersten, wird stets nur in Bezug auf das und gleichsam im Schatten dessen gedacht, was ihm vorausgegangen ist. Doch aus demselben Grund wird es dadurch aufgewertet, dass es, wenn es dieses Erste aufgreift, mehr tut, als es bloß zu verlängern – sonst würde es sich nicht von ihm unterscheiden –, es verleiht ihm eine Zukunft, die das Erste nicht besaß: Eine Zukunft entfaltet sich darin aufs Neue. Die *Sekundarität* ist, während sie ihre Abstammung und folglich ihre Abhängigkeit von einem ersten Mal erkennt, zugleich auch dessen *Weiter*führung: Sie offenbart im selben Streich, worin sie über dieses erste Mal hinausgegangen ist. Indem sie aus diesem Ersten ihre Autorität bezieht, findet die *Wiederaufnahme* etwas, worauf sie sich stützen kann, um sich, indem sie von ihm Abstand nimmt, selbst zu erfinden.

Rom oder das Christentum zeugen davon (in Wirklichkeit sind die beiden doch aneinander gebunden). Sie veranschaulichen exemplarisch diese Sekundarität, die nicht das Prestige des Anfangs beansprucht – dasjenige der Griechen oder des Alten Testaments –, sondern die im Weiteren umso klarer, durch Abgrenzung und Vergleich, aus diesen Traditionen das Unerhörte hervortreten lässt, das darin enthalten war – und sogar umso neuer ist, als es nicht von der Bequemlichkeit des Einschnitts herrührt, der sogleich, von außen, eine Diskontinuität einführt; sondern von einem inneren Abstand, der es uns gestattet, schrittweise, oder vielmehr prozesshaft, von ihm selbst ausgehend die eröffnete Distanz zu ermessen. Das Christentum macht die Einzigartigkeit (das „Skandalöse") seiner Botschaft umso deutlicher, als es dies aus dem Inneren des Judentums heraus tut, das es als seinen Ursprung anerkennt. Ohne selbst Anspruch auf Ursprünglichkeit zu erheben, und während es sich noch bedeckt zeigt, bringt es desto besser seine Originalität zur Geltung, indem es unablässig auf dieses Erbe zurückkommt, um an seine Stelle zu treten und es zu vervollkommnen und sich zugleich, in Anlehnung daran, selbst zu erfinden. Nachdem es sich die Kosten für einen ersten Anfang gespart hat, offenbart es umso deutlicher sein Potential, da man beobachten kann, wie es sich durch Korrektur und Weiterentwicklung von dieser Vergangenheit freimacht.

Aus einem ersten Schlaf zum Beispiel (dessen Wellen langsam sind und der „orthodox" genannt wird) sinkt man weiter in einen „zweiten", tieferen, dessen Aktivität aber zugleich schneller ist (daher die Bezeichnung „paradox"); er nun ist es, der die Traumfähigkeit freisetzt und schöpferisch ist. Auch wenn etwa Nerval seine *Aurélia* mit den Worten eröffnet: „Der Traum ist ein zweites Leben", geht es dabei wohl, und zwar sogar in exemplarischer Weise, um diese Fruchtbarkeit des *Zweiten* – um diese ungeahnte Ressource, die man aufruft, sich zu entfalten: die während des ersten Lebens absolut nicht vorherzusehen war, wiewohl keinerlei offenkundiger Bruch mit ihm stattfindet. Im zweiten Leben „wirkt das Dasein weiter", sagt Nerval, so sehr, dass sich der „präzise Zeitpunkt" des Übergangs nicht bestimmen ließe. Zwischen dem ersten und dem zweiten

Leben, ob es sich dabei nun um das des Traums oder um die Umgestaltung des Lebens handelt, ist die Schwelle nur undeutlich erkennbar („nebelhaft") – ein solcher Übergang wird zunächst gar nicht bemerkt. Dann „hellt diese zweite Szene sich", fährt Nerval fort, „allmählich durch Freilegung auf". Selbst wenn darauf kein Hinüberkippen ins Onirische folgt, bleibt das, was bei dieser Umschichtung – als Neukonfiguration und Verschiebung – vor sich geht, unbewusst. *Freilegung* bezeichnet also, was von dieser Prozesshaftigkeit selbst ausgeht, während von innen heraus entfaltet wird, was weder Gleiches noch Anderes ist, sondern in Gestalt zuvor unbeachteter Ressourcen herausgelockt oder exhumiert wird: Diese werden befreit aus dem, was nun als ihre frühere Einschließung erkennbar wird, und offenbaren sich als Potenzial, durch das freie Spiel, das sich nun auftut und allem Anschein nach unbegrenzt weiter entwickeln kann. Zuvor jedoch konnte man nicht einmal ahnen, dass sich aus diesem schon so weitgehend vermessenen und abgesteckten Bereich diese neuen Möglichkeiten erheben könnten – geklärte, entfesselte Möglichkeiten, die nunmehr mit solcher Heftigkeit über seine Grenzen hinausquellen.

So geschieht es häufig bei der Entwicklung eines Denkens oder der Entfaltung eines Werks. Sein Urheber schreitet nicht mehr beflissen Buch für Buch und Stufe für Stufe fort, wie er es vorher getan hat, sondern aus seiner vorherigen Investierung *ergibt* sich durch Klärung eine zweite Phase im Werk. In ihr befreit es sich von den Bedingungen und Zwängen, die es sich auferlegt hatte, und bringt in dieser Arbeit ganz allgemein eine Fruchtbarkeit zum Vorschein, die darin gewiss enthalten war, die nun aber ausstrahlen kann und von der es selbst nichts ahnte. Ob man nun von einem „zweiten Wittgenstein" sprechen mag oder einem zweiten Heidegger, von einem zweiten Barthes oder einem zweiten Foucault usw. – so verschieden die Gebiete auch sein mögen, auf denen sie jeweils tätig waren (man kann sie nennen, wie man möchte: die Erforschung der Grenzen der Sprache, die ontologische Frage, die semiologische Analyse oder die Bruchlinien des *Epistems* usw.), dieses „Zweite" lässt jedes Mal dieselbe Bedeutung durchscheinen. Es besagt weniger einen Wendepunkt („Kehre"), noch weniger einen theoretischen Bruch, als vielmehr die Möglichkeit eines inneren Abstandnehmens und infolgedessen eine Distanz zu dem, was rückwirkend als die erste Phase des Werks erscheint: nicht mehr die zum Äußersten getriebene Erkundung ihres Untersuchungsgebietes, sondern eine gewisse Loslösung von gerade diesem Gebiet, auf dem sie so viel gearbeitet haben und auf dem sie Anerkennung erlangt haben – auf dem sie zu „Meistern" geworden sind. Nun, wenn dieses Abwerfen der Last eingeleitet ist, wenn sie selbst diskret begonnen haben, sich von dem zurückzuziehen, was sie mit soviel Mühe im Denken durchgesetzt haben, offenbart sich die Wirkkraft ihrer Arbeit vollständiger, und das Neue an ihr tritt tatsächlich zutage.

Diese zweite Phase ist jene, in der man sich unbewusst von der ausgeübten Kompetenz ablöst, von dem Technischen, worin man Meisterschaft erlangt hat; nicht, dass man es loswerden wollte oder davon enttäuscht wäre, sondern weil man sich, wenn man nun zu dieser bereits fortgeschrittenen Baustelle zurückkehrt, darüber Gedanken macht, was einem dabei entgangen ist – und zwar ist das im Grunde immer dasselbe: das *Einfachste*, Elementarste und Radikalste, das am engsten mit dem Dasein selbst (oder den berühmten „Dingen selbst") Verbundene. Deshalb wird weniger die Fragestellung als vielmehr der Gegenstand des Denkens verändert, weniger das Argument als vielmehr der Satz. „Weiter" gehen nimmt eine neue Bedeutung an: Man beginnt, seine Schritte zurückzuverfolgen, um bis zu den

Parteinahmen vorzudringen, die das Denken getragen haben, von denen man selbst jedoch glaubte, es wären „Entscheidungen" gewesen, und versucht, sich von der Willkür zu emanzipieren, welche die (notwendige) Kehrseite der Wirksamkeit des eingeschlagenen Weges war. Es handelt sich nicht um einen Verzicht oder eine banale Rückkehr zum „Konkreten", von der Ideenwelt zur Erfahrung, wie man so oft geglaubt hat, sondern um einen gemilderten Neubeginn des Denkens (im Denken), um den Versuch, nachträglich wettzumachen, was das erste, unverschämt über die „Dinge" geworfene Netz (allerdings war diese Unverschämtheit des ersten Mals selbstverständlich eine Qualität) unvermeidlich an Vorschnellem – an „primärer" Beschränktheit – hatte, und einzufangen, was es folglich verborgen hielt und worüber hinauszugehen es nun an der Zeit ist. Zugleich lassen gerade diese Verfügungsordnungen, denen man sich mit solcher Macht ausgeliefert hatte, sobald sie sich lockern, zurückgenommen und vergessen werden, eine ungeahnte Treffsicherheit erkennen.

Man muss des Weiteren klar zwischen zweierlei Wegen unterscheiden: einerseits der Aufnahme von Umbauarbeiten am Denken: dass das Denken von selbst seinem System entflieht, das sich, sowie es begründet wurde, schon festzusetzen begann; das heißt, dass es sich aus der Geschlossenheit seiner Begriffe befreit, um das Grundlegendere wiederzufinden, von dem es abstrahieren musste, um Gestalt zu erlangen. Und andererseits dem, was bei anderen, nun unter dem Deckmantel größerer „Einfachheit", nichts anderes ist als ein Gehenlassen des Denkens und das Aufgeben seines Anspruchs. Die Fortführung des Werks (aber ist das noch ein „Werk"?) kennt also die zweite Phase des Werks nicht. Das würde bedeuten, sich über das Wesen des *Zweiten* zu täuschen. Denn das Zweite ist nicht Rückzug, sondern Wiederaufnahme. Er strebt nach größerer *Radi-*

kalität, nicht nach Bequemlichkeit. Es besteht nicht aus Abnutzung und Nachgeben, ist keine *softere* oder vereinfachte Version, für ein breiteres Publikum oder „vulgarisiert" („endlich versteht man ihn ..."). Vielmehr lässt man jetzt mehr Spielraum, mehr Umweg und Zwanglosigkeit zu, um die theoretische Positur zu hintertreiben, die man festgelegt hat – und die bereits bedrohlich geworden ist; wenn man mehr Laschheit oder Schräge ins Spiel bringt, dann um einzufangen, worauf man nicht direkt und konzertiert abzielen konnte, weil es gleichzeitig zu tief eingegraben und zu weit verstreut war. Und nicht etwa, weil man mit zunehmendem Alter oder angesichts der Kritiken „seinen Wein verwässern" würde, wie man sagt, den theoretischen Extremismus seiner Jugend aufgegeben hätte und weil es Zeit wäre, da nun das Leben vorbeigeht, sich wieder „Soliderem" zuzuwenden – der berühmte „Erfahrene", der auf weitere Abenteuer verzichtet. Damit würde man zum „Phänomenologen" (das Etikett, mit dem dieser Verzicht abgedeckt wird), denn man macht sich nicht länger die Mühe, im Denken zu konstruieren und Begriffe hervorzubringen: Damit ist man, unter dem Vorwand, besser verstanden zu werden, nur noch für Binsenweisheit und Banalitäten gut. Man kippt damit in ein Sub-Denken ab, statt in diese zweite Phase des Denkens einzutreten, die eine neue, sogar für es selbst im Vorhinein nicht zu erahnende Ressource des Denkens ans Licht bringt.

In dieser zweiten Phase oder *zweiten Partie* des Denkens nimmt sich das Denken ein wenig Urlaub von dem, was es aufgebaut hat, und sucht etwas Wesentlicheres; oder vielmehr lässt es dieses *dekantieren* – jedoch durch ein aktives *Lassen*, dessen Gebrauch es erlernt; lässt dieses Wesentlichere sich herauslösen aus all den vorhergegangenen Mühen, aus der akkumulierten Elaboration. Denn es weiß nun, mit einem neuen, unmöglich vorwegzunehmenden

Wissen, dass es nicht ausreicht, mit Leidenschaft oder auch mit Präzision zu erobern: dass sich etwas dem projektierten Griff entzieht. Das Denken ist sich bewusst, schon mehr oder weniger alles gedacht zu haben, was es aus der Richtung, für die es sich durch Inquisition, Druck und Nötigung „entschieden" hatte, als Beute heimtragen konnte. Es konzentriert sich also nicht mehr auf das, was die Originalität seines Vorgehens ausmacht, bemüht sich nicht einmal mehr so sehr darum, es gegen Missverständnisse, die es unvermeidlich hervorrufen musste, sobald ihm ein erster Erfolg zuteil wurde, zu verteidigen; das Denken setzt sich vielmehr zum Ziel, oder setzt schlicht darauf – denn „Zielsetzung" hat zu viel vom Gebrauchsguthaften des Zwecks an sich –, dem, was es zu etablieren versuchte, sein Spiel zu lassen, es in der verbleibenden Zeit freier sich entfalten zu lassen, disponibler, entspannter, doch nicht schlaff, ungebundener. Das Interesse daran, gelesen, verstanden, diskutiert zu werden, nimmt ab. Nicht so sehr, weil man etwa hofft, zu einem späteren Zeitpunkt (in „fünfzig Jahren" ...) besser gelesen und verstanden zu werden, weil man auf eine posthume Revanche vertraut, wie andere an die Vergeltung im Jenseits glauben; sondern weil nunmehr das zählt, was „im Inneren" geschieht, zwischen dem Selbst und dem Werk, unter Ausschluss der Öffentlichkeit, in einem Raum, der sich mit Blick auf den Tod wieder schließt.

Das Verhältnis zur Zeit hat sich folglich durch eine langsame Verwandlung umgekehrt: Das Denken des ersten Lebens nahm sich unbegrenzt viel Zeit heraus, während es zugleich in Eile war, sich zu festigen und durchzusetzen; das Denken des zweiten Lebens weiß nun, dass seine Zeit abgezählt ist, während es sich zugleich nicht mehr dem Druck aussetzt, erfolgreich zu sein. Von dort aus, wo es sein prekäres Lager aufgeschlagen hat, lässt es zum Denken kommen. Diese zweite Phase des Denkens charakterisiert sich dadurch, dass vermittels der Bauarbeiten, die man auf sich genommen hat, etwas von ganz allein sich zu verbinden beginnt, durch unterirdische Verzweigung und heimliche Kapitalbildung, wobei man selbst nie auf die Idee gekommen wäre, es zu verbinden und zu verknüpfen. Damit zeichnet sich eine neue Perspektive ab, oder drängt sich sogar auf, die sich nicht länger an die ersten, tollkühn getroffenen „Wahlversuche" hält, sondern sich zur – im Rückblick so logisch erscheinenden – Resultante dessen ausruft, was bis dahin bloß eine geduldige und teilweise Verknüpfung war. Die Sichtbarwerdung dieser stillen Verwandlung kann lautstark sein (umso mehr, je stiller sie war) und eines Tages ereignishaft eintreten: Während er auf der Straße auf einen Fiaker wartet, hat Balzac plötzlich den Einfall, seine Figuren von einem Roman zum nächsten neuerlich auftreten zu lassen – daraus nun kann sich die *Menschliche Komödie* entfalten. Diese zweite Phase des Denkens ist also tatsächlich die Geburt und erste Phase des „Werks" (denn zuvor gab es nur ein Buch nach dem anderen): wenn alles, was tastend versucht wurde, was sich in sukzessiven Entwicklungen, die einander verdrängten, zugleich jedoch stützten, geduldig akkumuliert hat, ein Kippen im Gesamten herbeiführt, von dem aus das Werk sich ausbreitet. Wegen dieses Investitionsrücklaufs nun, mit diesem Immanenzeffekt, von dem die zweite Phase ihren Ausgang nimmt, ist nicht länger der „Autor" derjenige, der hartnäckig sein Denken befördert; vielmehr setzt das Denken, auf das man sich eingelassen hat, von selbst durch Freilegung seinen Weg fort.

Diese zweite Phase im Denken kann man nicht erzwingen – es gibt keine Methode, nicht einmal eine Strategie, um zu ihr zu gelangen (oder auch nur eine Strategie des Loslassens). Um in sie einzutreten, muss man nämlich das Ziel- und Zweckdenken hinter sich lassen. Man kann sich nur fragen – und zwar jeder für sich, während er anfängt, „Bilanz" zu ziehen –, wo man hinsichtlich der Zukunft seiner Baustelle steht: was da in das Netz, das wir ausgespannt haben, von selbst hineingeraten ist, sich ohne unser Wissen verzweigt hat, so weit, dass man damit nun andere Dinge einfangen könnte. Ganz andere Dinge, als man erwartet hatte – Dinge, die uns nun in diese zweite Phase eintreten lassen. Das ist die Frage, die ich mir auch stelle. Nachdem ich mich „entschieden" hatte, die Griechen hinter mir zu lassen und mich an einen anderen Ort zu begeben (war es der weitest entfernte? nach China), um aus einem anderen Blickwinkel zu philosophieren, eine Entscheidung, die ich zunächst sehr lange Zeit rechtfertigen musste, so wenig hat man sie verstanden und so wenig verständlich war sie vielleicht auch („Chinesisch lernen, um besser Platon zu lesen"); nachdem ich daran gearbeitet habe, Sprache und Denken Chinas und Europas, die einander so lange ignoriert haben, einander gegenüberzustellen – nicht, um sie anhand ihrer Ähnlichkeiten oder Unterschiede zu vergleichen, sondern um sie, indem ich den zwischen ihnen hervorgetretenen Abstand erkundete, zueinander in ein Spannungsverhältnis zu setzen und ihnen in diesem eröffneten *Dazwischen* zu erlauben, sich zu reflektieren, um gegenseitig ihr je Ungedachtes auszuloten –, frage ich mich heute, was diesem problematischen Netz, das zwischen den beiden geknüpft wurde, noch immer entgeht: was ich noch darin fangen könnte, wovon ich nicht wusste, dass es auch darin zu erkennen ist. Was löst sich aus dieser Gegenüberstellung heraus, was einen neuen Zugriff – Zugriff worauf? – schaffen würde?

Ich spreche hier von *Netz*, weil eben diese beiden Ufer – diese zwei Sprachen und diese zwei Denkarten – durch ihren Abstand den Rahmen meiner jugendlichen Reflexion aufgespannt und sie mit ihrem „Rüstzeug" versehen, oder sagen wir, sie „gerüstet" haben – muss man sich nicht immer *rüsten*, um anzufangen? Die Frage nimmt also folgende Form an: Was lässt sich möglicherweise in dem solcherart bezeichneten *Dazwischen* erfassen, was man zuvor gar nicht in Betracht gezogen hatte? Nicht mehr in der Ordnung der Erkenntnisgegenstände, die sich, einer nach dem anderen, am Boden des Netzes angesammelt haben und es ermöglichen, in der Gegenüberstellung das eine und das andere Denken, das „chinesische" und das „europäische", zu identifizieren – ausgehend hiervon würde man dann die Sache der Universalität des Denkens oder, im Gegenteil, die seiner Relativität verfechten. Könnte man jedoch in dieser Möglichkeit einer *Rückfaltung* der menschlichen Sprache und des Denkens auf sich selbst, wie sie diese beiden Sprachen und Denkweisen in der Gegenüberstellung so beispielhaft hervortreten lassen, nicht so etwas wie einen neuen Zugang zur Erfahrung finden? Im Ergebnis wäre ich nur deshalb so weit gegangen, um das Nächstliegende zu denken. Denn kann man das Unmittelbarste – das *Leben* – anders denken als auf Umwegen?

Und vor allem: Wäre in diesem *Zwischen-den-Sprachen* nicht eine Kraftquelle auszumachen, das heißt in diesem Fall eine Stütze, um die ewigwährende Synonymie *der* Sprache zu durchbrechen, das heißt zu erschüttern, was Sprache und Denken, wenn sie keine Griffpunkte mehr finden, um sich ein wenig zu öffnen und zu reflektieren, unwillkürlich durch sich selbst aufnötigen und sedimentieren – eine Bedrohung die heute, aufgrund der Globalisierung, noch stärker geworden ist? Bis zu dem Punkt, dass wir etwas, was doch bloß Standard und Uniformität ist, mit der Legitimität des Universalen verwechseln. Auch ist heutzutage, wo Sprache und Denken in aller Welt zu einer Homogenisierung hingeleitet werden, der Versuch umso notwendiger, ausgehend von der Feststellung solcher Abstände zwischen den Sprachen und Denkweisen Dissidenz zu üben; der Versuch, sich unseren „Evidenzen" zu entziehen – eben denen, die uns am Sehen hindern – und aus einem anderen Blickwinkel an das heranzugehen, was wir vielleicht zu leichtfertig als selbstverständlich akzeptiert haben und was womöglich das Dasein verschleiert. Als erstes müssen wir versuchen, das zu untergraben, was man so oft schon über die *conditio* des „Menschen" und darüber, was sein „Wesen" ausmachen soll, gesagt und wiedergekäut hat und was dieses Potential zum Existieren blockiert; man muss versuchen, die ewiggleichen Banalitäten der „Weisheit" über das Leben zu erschüttern, die der Resignation das Bett bereiten und ein zweites Leben verhindern. – Nun, gleichzeitig ist die zweite Phase des Denkens durch das neuartige Gefühl gekennzeichnet, dass man, je weiter man vorwärtsschreitet, desto mehr immer wieder nur beginnt ...

IV. Nicht Alter noch Weisheit

Ist es nicht wirklich erstaunlich zu bemerken, wie unbeholfen man dabei bleibt – wie unangenehm es einem ist –, bestimmte Dinge zu denken, und vor allem die nächstliegenden, zu denen man die geringste Distanz, auf die man die beschränkteste Perspektive hat? Und geht es einem nicht zuallererst mit dem „Leben" so? Man bleibt gesteuert von festgesetzten Vorstellungen, die zu kritisieren einem nicht in den Sinn kommt, weil man dafür keinerlei Anhalt gefunden hat, deren Unangemessenheit oder jedenfalls Ungenügen man zwar dumpf spürt – wovon eine gewisse Ohnmacht herrührt –, die man aber hinnimmt, weil man nichts zu fassen bekommt, wodurch man sich von ihnen entfernen könnte. Dass wir falsch leben, weil wir eine falsche Vorstellung von den Dingen haben, ist die Grundüberzeugung der Philosophie und ihr hauptsächlicher Rechtfertigungsgrund dafür, das Denken neuerlich zu Werk gehen zu lassen; und wir haben eine falsche Vorstellung von den Dingen, weil uns das Werkzeug fehlt, das zu erschüttern, was sich in der Sprache und im Denken als allgemeine Meinung fixiert hat, als *doxa*, in deren Spurrille wir eingefahren bleiben. So geht es mit dem „Alter", so geht es mit der „Weisheit", die so oft in dieser Paarung auftreten und unser Leben unter der Hand anleiten, indem sie ihm ein Profil aufprägen, also indem sie seinen Horizont auf ihre eingefahrenen Vorstellungen beschränken; die vielleicht behindern, was darin an Aufschwung versteckt sein könnte, was aber durch „Evidenzen" blockiert wird, an die man nicht zu rühren weiß: durch die wir vielleicht, ohne dass wir es ahnen, eine Ressource ungenutzt lassen, die nicht mehr nur zum Vitalen gehört, sondern zur *Existenz*fähigkeit – diese wird herauszulösen und als der entfaltete Ausdruck des zweiten Lebens zu denken sein.

Indem sie anhand des Lebensalters definiert und eingeteilt werden, d. h., indem sie das Leben in zwei einander folgende Phasen segmentieren, die sie nur im Gegensatz zueinander denken, fügen sich „Jugend" und „Alter" nämlich in die billige Vorstellung des Einschnitts, wobei sie den Übergang verschleiern und das Leben einzig diesem erzwungenen Kipppunkt gemäß ordnen. Deswegen versäumen wir durch sie das Vermögen zur Ablöse, zur Wiederaufnahme und Wiederverpflichtung, jenes *zweiten* eines zweiten möglichen Lebens, das vom ersten selektiv abgezweigt und über das in effektiverer Weise entschieden werden kann. Denn ab wann altert man – wenn das Alter das ist, was man als den Schnitt ansetzt –, lässt sich dieses Unvermeidbare überhaupt genau eingrenzen? Wenn es unmöglich ist, sein genaues Datum festzustellen, einen Bruch darin zu sehen, dann weil es sich wiederum, ja geradezu schlechthin, um eine „stille Verwandlung" handelt, zu allumfassend und kontinuierlich in uns, in ihrem Fortgang, als dass man sie isolieren oder bemerken könnte – bevor sie endlich in einem „lautstarken Ereignis" an die Oberfläche kommen kann, umso lautstärker, als man ihr Fortschreiten zuvor nicht wahrgenommen hat. Und die den anderen, nach einer Zeit der Abwesenheit voneinander, sicherlich zunächst mehr ins Auge fällt als uns selbst (siehe die Matinee bei der Fürstin von Guermantes am Ende der *Wiedergefundenen Zeit*). Man kann institutionell das Alter festsetzen, mit dem man von dem einen zu dem anderen übertritt, von *juventus* zu *senectus* oder von „jünger" zu „äl-

48

ter" (*junior/senior*), aber hierbei handelt es sich um eine gesellschaftliche Einordnung, die keine andere Relevanz hat als die normative. Oder vielleicht geben wir aufgrund eines Atavismus der Philosophie (Aristoteles) der Bequemlichkeit nach, uns das, was wir tatsächlich erleben, nämlich eine „Veränderung" (*metabolé*), in räumlichen Begriffen der „Bewegung" (*kinesis*) vorzustellen, das heißt als einen Weg, der notwendigerweise sowohl einen Ausgangs- als auch einen Ankunftspunkt hat.

Tatsächlich, der *Verlust*, zu dem uns die symbolische Unterteilung „Jugend"/„Alter" verurteilt, besteht darin, dass sie uns von vornherein auf das vitale, oder besser, elementarer gesagt, pflanzliche Schema eines Aufschwungs reduziert, der in Niedergang umschlägt, oder einer Progression, der die Regression folgt, eines Aufstiegs, der den Abstieg hervorruft, oder eines *Mehr*, das, wenn es seine Grenze erreicht, sich in ein *Weniger* verkehrt. Wäre dies zutreffend, dann müsste man sich dem „Alter" und seinem Verfall verweigern, indem man sich vorher tötet; alles andere wäre Feigheit. Ist es etwa nicht bloß ein Trostpflaster, die Weisheit, wie man es gewöhnlich tut, als Entschädigung für die Verkümmerung des Alters zu bezeichnen: eine allzu schnell gewährte Antwort, die nur einen billigen Trost darstellt? Nicht einmal, wenn wir als mittlere Phase die „Reife" und ihre Fülle einschieben (die Frucht nach der Blüte: nach dem Frühling der Sommer), kommen wir über diesen Naturalismus hinaus, der mittels Kräftegleichgewicht, Abbau von Überschuss und Harmonie den möglichen Fortschritt auf den vollendeten Stand der Entwicklung begrenzt, sodass durch nichts zu erkennen wäre, was für eine *Initiative* – die tatsächlich die erste wirkliche ist – sich vom vorhergehenden Leben ablösen und dieses weiterführen könnte. Das bedeutet, dass dabei verborgen bleibt, wie das Prospektive (Projektive) des Lebens sich zu einer retrospektiven Fähigkeit umbiegen *kann*, die es erlaubt, sich vom früheren Leben abzuheben, indem etwas an dessen Stelle tritt, durch die Befähigung, selektiv zu entscheiden und neu zu investieren, zu sortieren und das Leben neu zu beginnen – eine durch Klärung und Freisetzung hervorgetretene Fähigkeit, die zuvor nicht sichtbar war und von der man nicht einmal vermutet hatte, dass es sie gibt. Bis zu dem Punkt, an dem dieses zweite Leben von der geschlossenen (zyklischen) Zeitlichkeit abweicht, die das Los alles Lebenden ist, und einen Abstand eröffnet, den das Bewusstsein angesichts des Schwindens seiner Energie entfaltet: Gleichwie ein zweites Leben beginnen kann, lang bevor man der Seite des „Alters" zuzurechnen wäre, so ist es niemals „zu spät", sich die Ressource des *Zweiten* im zweiten Leben zunutze zu machen und so sein Leben zu „reformieren".

Das Unangebrachte des Begriffs vom Alter kommt also nicht bloß daher, dass er zu umfassend wäre: dass man ihn sozusagen aufspalten müsste zwischen dem Leben des Körpers und dem des Geistes, da die beide nicht synchron verlaufen, wo doch der Geist seine Vitalität behauptet und sogar entfaltet, während die physische Kraft bereits schwächer wird. Es hängt nicht nur damit zusammen, dass das, was effektiv existiert, nicht etwa das Alter ist, sondern das *Altern*: nicht ein bestimmter Zustand, immobilisiert und folglich abstrakt, sondern das Prozesshafte und Kontinuierliche, nicht zu Segmentierende, das zum Leben in seiner Entfaltung gehört – was existiert, das ist die *Alterung*. Das heißt, es hängt nicht nur damit zusammen, dass „Alter" zu verkennen scheint, dass der Tod von der Geburt an sein Werk tut und dass das Leben in seinem Verlauf, einschließlich seiner scheinbaren Entfaltung im Jugendalter, der berühmten Formel zufolge stets nur „die Gesamtheit der Funktionen ist, die dem Tod sich widersetzen"; folglich besteht das Leben, beginnend mit dem Embryonalstadium, darin, den Tod in Schach zu halten, eine Fähigkeit, in deren allmählicher Erschöpfung nun für seinen Teil das Altern bestünde. Dieses Unangebrachte am „Alter", das wie ein Etikett auf unserem Leben klebt, rührt noch von einem anderen Grund her, der wesentlicher und im eigentlichen Verstande philosophisch ist: Es hängt damit zusammen, was darin vom Vermögen der *Existenz*, sich von jedem Naturalismus oder Vitalismus abzugrenzen, unterschlagen wird.

Tatsächlich ist es auf den viel tiefer liegenden Fehler zurückzuführen, der darin besteht, dass der Begriff des Alters das Dasein *essentialisiert* – während doch die *Existenz* im Gegenteil das ist, was nicht als Essenz sich bestimmen oder eben „essentialisieren" lässt (und das ist sogar ihre Ausgangsdefinition). Ebenso wie die Physik des Aristoteles sich an sinnlich wahrnehmbare Eigenschaften hielt, die in den Status von Essenzen erhoben wurden, die sie dann über die innere Dynamik der Dinge schichtete, woher auch ihr unvermeidliches Scheitern rührt, so abstrahiert und essentialisiert der Begriff des Alters bloß, was gegen Ende des Lebens am deutlichsten als eine unausweichliche Reduktion der Vitalität wahrgenommen wird, wobei er dieser Reduktion das Vermögen zur Existenz unterwirft, welches gerade darin besteht, sich von einer solchen Auferlegung der Grenze zu emanzipieren. Es geht nämlich nicht darum, eine solche Abschwächung des Lebens zu bestreiten – das wäre nichts weiter als eine Verleugnung –, sondern darum, auszuloten, wie man existiert, also eben dem ins Auge zu sehen und zu *widerstehen*, was darin an Endlichkeit erfahren wird. Von daher kommt es, dass, wenn die Ex-istenz als die Möglichkeit begriffen wird, sich „draußen zu halten" aus dem, was als „Natur" oder Essenz sich bestimmen lässt, eben diese *Fähigkeit zur Existenz* wiederum das zweite Leben offenbart, sogar in beispielhafter Weise. Und zwar gerade durch die De-Koinzidenz mit dem Vitalen, einen Abstand, aus dem sich Bewusstsein entfaltet und durch den eine Marge der Initiative oder Freiheit ins Spiel kommt. Freiheit, die nicht durch eine externe Trennungsmacht (als metaphysische Gegebenheit anderer Ordnung) verordnet oder verliehen wird, sondern sich effektiv *herauslöst*.

Weisheit nun, die Entschädigung für das Alter bringt, wird dieser Freiheit nicht gerecht, einer nicht verordneten, sondern erworbenen oder vielmehr freigelegten Freiheit, nämlich die Freiheit, durch *Wiederaufnahme* des vergangenen Lebens sich von ihm lösen zu können und es zu „reformieren", wodurch man ein zweites Leben beginnt. Daher kommt es, dass, wenn zwar das Alter keinen bestimmbaren Anfangspunkt hat und nur willkürlich von der Jugend abzutrennen ist, das zweite Leben seinerseits einen neuen Anfang kennzeichnet, selbst auf die Gefahr hin, dass dieser zugleich resultativ ist, da er zunächst im Schatten, ohne unser Wissen und durch winzige Ablösungen beginnt. Und weil die Weisheit als Kompensation für das Alter gedacht wird, werden ihr umgekehrt, ob sie es will oder nicht, dessen negative Bestimmungen zuteil: Beschränkung auf eine Grenze, Sich-Fügen ins Unvermeidliche, die Logik des Rückzugs und dessen Ökonomie. So verbiegt sich die Weisheit auch zur Resignation/Aussöhnung, Einschränkung und „Mäßigung", die jeden Exzess vermeidet. Sie hat das hingenommene Wesen und die Passivität des Alters integriert. Sie ist weder kühn noch abenteuerlustig, flieht das Extreme und Scharfe: „Die Weisheit ist grau", sagte Wittgenstein. Das zweite Leben hingegen kennzeichnet einen neuen Aufbruch im Leben, durch immer deutlichere Ablösung vom vergangenen Leben, schöpft daraus eine Kraft, die es durch Abstand vorwärts treibt und damit dynamisiert. Sie versetzt das *Leben* von neuem in Spannung, die noch vollständiger sein kann als die des ersten Lebens, weil es nun entschlossener und, angeleitet von der erworbenen Klarheit, zu größeren Risiken bereit ist. Das zweite Leben geht tiefer und will in besserem, strengerem Sinn ein *Trotzen* sein (das Gegenteil von „Rückzug", dabei aber nicht Verleugnung). Da es zu größerer Radikalität gelangt und nichts mehr zu verlieren hat, kann es in rigoroser Weise *wagen* – weniger übermütig, doch angemessener.

Tatsächlich ist das Wort „weise" an sich zweideutig. Denn entweder man versteht *Weisheit* im starken Sinn, indem man darin eine geschichtliche Figur sieht, die in den Zivilisationen hier wie dort fast gleichzeitig auftrat, am Ende dessen, was die für die Menschheit, wie es heißt, „axiale" Epoche der Antike bildet. – Ist man andernfalls nicht etwa, zumindest in Europa, zu der *schwachen Bedeutung* einer Sache verurteilt, von welcher der Erkenntnisrationalismus nunmehr jede Konsistenz abgezogen hat? Dann ist die Weisheit, nachdem sie ihre Idealitätsbedingungen verloren hat, nichts mehr weiter als ein Schrumpfzustand des Denkens; und es ist zu beklagen, welcher ideologischen Debilität dieses Etikett, über die geläufig gewordene Verwendung des Begriffs hinaus, heutzutage sein wiedererlangtes Gedeihen verdankt. Denn in der antiken Welt, im Niedergang der ersten großen politischen Einheiten (der *polis* in Griechenland, des „Königswegs" in China usw.), der eine reflexive Rückkehr auf die menschliche Person und ihre Befreiung hervorgebracht hat, hat man den „Weisen" effektiv zu einem Absolutum der Menschheit erhoben. Seine Tugend beruht im Wesentlichen auf seiner Fähigkeit zur inneren Emanzipation von den auferlegten Bedingungen. Zu unterscheiden, „was von mir abhängt und was nicht" – davon liest man in den Analekten des Konfuzius ebenso wie im Stoizismus. Folglich beruht sie auf dem Vermögen des „Weisen" zur Selbsttransformation und, wenn möglich, zur Transformation der Welt durch das eigene Beispiel (*metanoia* in Griechenland, *hua* 化 in China; 大而化之谓之圣 im *Mencius*). Doch muss man, was Allgemeingültigkeiten betrifft, nicht *schon hier* den Schlusspunkt setzen?

Denn nur abhängig vom kulturellen, sprachlichen und intellektuellen Kontext jeder einzelnen Tradition sowie, in ihm, von den Denkschulen (oder „Denkfamilien", wie das filiationsversessene Chinesisch es ausdrückt) erlangt die Figur des Weisen tatsächlich ihre Statur und ihre Bedeutung. Während der stoische Denker das „hegemonische" Prinzip betont, das ihn innerlich unabhängig von außerhalb liegenden Umständen macht (die erste Erscheinungsform der Subjektautonomie, und als solche Freiheit einfordernd), hebt der chinesische Denker vielmehr hervor, wie man durch die zur Einheit führende Leerung und Bereinigung (*xu yi*, 虚一), verstanden als eine „Abstinenz" des Geistes, von der seine *Disponibilität* herrührt, sich dem großen Kontinuum anschließen und daran teilhaben kann, nämlich dem geregelten Lauf der Welt, der auch „Himmel" oder *tao* genannt wird. Anstatt sich auf eine vehemente Mahnrede in einer befehlshaberischen und rhetorischen Tonlage einzulassen, und zwar vor allem in einem inneren Dialog, beim Sprechen mit sich selbst, wie es der Stoizismus getan hat, misstraut er dem Wort. „Sprechen ohne zu sprechen" (言无言) ist seine Devise: Weit davon entfernt, sich in Belehrungen zu ergehen (außer wenn er zur ideologischen Unterwürfigkeit hinabsinkt und Konformität predigt), wollen seine Worte vielsagend, inchoativ (anspornend) sein; sie benennen „kaum" und bleiben *indexhaft* (solcher Art ist das „subtile" Sprechen des Konfuzius, 微言),

da die Regulierung des Verhaltens, gleichwie die Regulierung des Himmels, nicht sich modellhaft darstellen lässt.

Vor allem muss man die historischen Wandlungen großen Maßstabs berücksichtigen, die diese unterschiedlichen

kulturellen Kontexte jeweils an singuläre Bestimmungs-
orte getragen haben. Da sich die Erkenntnis in Griechenland, in Beantwortung des Rätsels vom „Sein" (des großen
kausalen „Warum"), bald als ein Hauptthema des Denkens
etabliert hat, wobei *sophia* ja bereits bei Platon als *episte-
me* verstanden (*Theaitetos*, 145e), das heißt mit Blick auf
die Möglichkeit der „Wissenschaft" betrachtet wurde,
fand sich eine solche Weisheit unter der Vorherrschaft
des „Theoretischen" begraben, also der uneigennützigen
Tätigkeit des reinen Denkens (nous, νοῦς), getragen vom
spekulativen Streben nach Wahrheit. Und *auf der anderen Seite*, weil das Christentum, das die griechische *sophia*
mit der „Torheit" des Kreuzes (moria, μωρία) stürzte, die
Wahrheit im Leben des Subjekts reinkarnierte („*Ich bin
der Weg, die Wahrheit und das Leben ...*"), und zwar durch
ein Mensch gewordenes Göttliches, das sich in der Welt
manifestiert, während zugleich durch seinen Rückzug das
menschliche Absolute auf die Figur des Heiligen übertra-
gen wird, der sich durch Verzicht auf das Unmittelbare des
Lebens zum wahren Leben erhebt, das man das „ewige"
nennen wird. Nun ist Heiliger/Weiser eine Kluft, die ein
kultureller Kontext wie der chinesische nicht entwickelt
hat, ebenso wenig wie er die Kluft zwischen „klassischer"
(als Modelltext) und „kanonischer" Schrift (als absoluter
Lehre) gekannt hat, insofern Konfuzius diese beiden As-
pekte integriert (siehe *Wenxin diaolong*, Kapitel 3). Der
Unterschied besteht nur in den Stadien, zu denen man gelangt: das niedrigere der eifrigen Bemühung, sich zu voll-
kommener Weisheit zu erheben (*xian*, 賢) und das höhere
Stadium, bei dem dieses Bemühen sich zur Spontaneität
umgewandt und Anschluss an die Immanenz des großen
Prozesses der Dinge gefunden hat, das *tao* des „Himmels"
(*Zhongyong*, XX), wobei der Weise (圣) sich dann durch
sein Verhalten mit der Naturregelung identifiziert.

Im Kontrast hierzu lässt sich umso schärfer erfassen, wie in Europa unter der doppelten Einmahnung von Seiten des Glaubens und der Wissenschaft, die miteinander rivalisieren und zugleich ihre jeweiligen Bereiche aufteilen, die Weisheit nur als *schwaches Denken* in die Banalität abgedrängt und zur Binsenweisheit werden konnte, außer vielleicht um unter der Hand in den Begriffen des Stoizismus oder des Epikureismus weiterzubestehen und als solche zur Dürftigkeit verurteilt zu sein: als erodiertes Denken ohne Ehrgeiz, das auf die praktische Empfehlung reduziert ist (auf das „Bloß nicht zu viel", welches jeden Exzess vermeidet) und sich auf Zurückhaltung beschränkt. Die Weisheit hat dabei den Schwung und die Lebhaftigkeit des Begehrens verloren. Platon selbst hat die Weisheit entthront, nicht nur, weil er sie an die Wissenschaft gekoppelt hat, sondern zunächst, und noch ausdrücklicher, weil er sie den Göttern sowie den Tieren vorbehalten hat, die beide gleichermaßen zufrieden sind im Wohlbehagen ihres Unbewussten und die des Mangels ermangeln, der zum Fortschritt anhält, nämlich des Mangels des „Begehrens", aus dem gerade die „Philo"-sophie hervorgeht. Deshalb genügt es heute nicht, wie es reaktiv vor unseren Augen geschieht, die Haltung und das Bildnis des „Weisen", das unter der Philosophie begraben liegt, hervorzuholen – ganz zu schweigen davon, es zur Schau zu stellen –, so als könnte man vergessen, wodurch es zerschlagen wurde, um die Figur des „Weisen" wieder lebensfähig zu machen, indem man hier und dort unterschiedliche Stücke aufsammelt, die Gebiete und Zeiten vermischt und erneut den ewigen Mythos des großen „Orients" ins Spiel bringt. Hier hat man es bloß mit dem dürftigen Deckmantel eines Denkens zu tun, das, während es auf den philosophischen Anspruch verzichtete, dennoch keine Pertinenz zurückerobert hat, indem es dieses Heteroklite in einem Diskurs der *Kompensation* begründete.

56

Denn eine solche „Weisheit" ist heutzutage nun, gemessen an der konstituierten Denkdisziplin, nichts weiter als ein Diskurs ohne *logos*, d. h. ohne Argument und daher ohne Räsonnement, ohne Begriffe (als Werkzeuge) und ohne Fragestellung (als Anspruch), folglich weder beweiskräftig noch überzeugend, ein Diskurs, der sich vielmehr bereitwillig ins Beschwörende umwendet und das Problem der Wahrheit durch seine Ideologie des Glücks (den „Geschmack" am Leben) und der Harmonie ersetzt. Diese scheinbare *Soft*-Version der Philosophie, die aber nichts mehr mit dieser zu tun hat, verwässert und versöhnlich, weil sie die Tugend des Widerspruchs nicht kennt, beruft sich darauf, eine *philosophia perennis* zu sein, welche die Sprachen und die Zeitalter durchmisst. Während die Philosophie nicht bloß eine Geschichte hat, sondern ihre eigene Geschichte *ist*, d. h. sich aus ihrer stets neu sich erfindenden Geschichtlichkeit konstituiert, hat die Weisheit keine Geschichte(n) – und ist stolz darauf. Es ist daher nur zu billig, sich auf Pierre Hadot und die Praxis der „geistigen Übungen" zu berufen und dabei im Dunkeln zu lassen, dass in der griechischen Antike auch die dialektische Ausbildung einen Teil der Selbstbildung darstellte, als „Askese" des Geistes, oder dass im Stoizismus die Logik selbst mit der Ethik ein System bildete. Das gegenwärtige Aufblühen der Weisheit ist auf ein Aufgeben der Arbeit des Denkens zurückzuführen, das heißt seiner notwendigen Elaboration, was selbst auf eine Art Leugnung zurückgeht: Die Verleugnung der Tatsache, dass es Geduld und einer fortschreitenden Entwicklung bedarf, dass man durch Irrtum und Unverständnis hindurch muss, damit am Ende ein Intelligibles hervorgebracht werden kann. Daher führt diese Leugnung nicht nur zu einem Verzicht auf den philosophischen Anspruch, sondern auch zu einer Abdankung gegenüber jedem politischen Hinterfragen, da Letzteres ja eine Dimension jenes Anspruchs und seine praktische Umsetzung darstellt. Diese Verleugnung nun ist die unserer gegenwärtigen Zeit, auf der die öffentliche Meinung oder *doxa* des Tages beruhen. Auch bekehren sich viele von denen, die ehedem Philosophen waren, heute aus Bequemlichkeit mehr oder weniger offen zu dieser Subphilosophie und machen ein Geschäft daraus. Denn das ist der neue Markt.

Man muss tatsächlich den gegenwärtigen Moment gewissermaßen aushorchen, um die Ursachen eines solchen Erfolgs zu verstehen, zu verstehen, warum sich diese falsche Münze verbreiten konnte: Das proklamierte Ende der großen idealistischen Projekte (Fortschritt, Heil) hat ein leeres Feld hinterlassen; der Rückzug des Religiösen und die Enttäuschung gegenüber der Politik (da sie nur noch Positionierung ist und nicht mehr als Verpflichtung bewertet wird) verleihen ihr die Funktion eines Ersatzes: Es handelt sich um einen Diskurs mit Alibifunktion, ein Schmerzmittel angesichts der „Krise", die selbst nur der illusorische Titel ist, den man dem Negativen – Unanalysierten, Unangenommenen – unserer Geschichte gegeben hat. Überdies bietet eine solche „Weisheit", als Trägerin guten Gewissens, nicht eines Anspruchs, weder Thesen an, noch bringt sie Positionen vor, die es erlauben würden, sie zu kritisieren. Was soll man *gegen* die wiederholte Behauptung sagen, dass das Leben am Ende „schön" ist, dass man an die „einfachen Freuden" denken und sich keine Sorgen machen soll – außer sich über diese Unzulänglichkeiten lustig machen? Hinzu kommt die Komplizenschaft der Medien, welche die Imagebildung als Ikone der Konsensualität begünstigen (Foto mit seligem Lächeln) und damit glauben machen, man könne ohne größere Schwierigkeiten Zutritt zum Denken erlangen. So hat sich die „Weisheit" zu einer Ideologie der „Persönlichkeitsentwicklung" verkehrt, wo ein jeder in verbindlichem Ton von sich erzählt – als ob diese Predigt und dieses Anekdotische „indikatorischen" Wert hätten (um die alte chinesische Vorstellung aufzugreifen) oder hinreichend wären, eine Wahrheit zu konstituieren. Wohingegen dem Philosophen, man erinnere sich, nichts daran liegt, von sich zu erzählen – „die nicht mich, sondern die Worte (*logos*) hören", sagt präventiv der große Heraklit –, und die Philosophie – muss man auch daran erinnern? – *nicht predigt.*

Daraus folgt dann diese zwangsläufig redundante und kantenlose Rede von der glücklichen Einfachheit, die Naivität mimt („Staunt über das Leben!"), eine Mischung aus Hedonismus und Zen, aus dem jede negative (*negaktive*) Bewegung entfernt wurde und die schwülstig das große Thema einer Verschmelzung mit dem Kosmischen ausspielt (und aus einer initiatorischen Wende ihren Nutzen zieht: der Reise nicht mehr nach Katmandu, sondern nach Korea) – all das in einer Tonlage der Demut, begleitet von Exhibitionismus. Als ließe sich vergessen, dass der Ausgangspunkt der Moral, in Ermangelung eines „Fundaments", weder in der behaupteten guten Absicht zu finden sein kann, die allzu leicht in Positur umschlägt und stets im Verdacht der Doppelzüngigkeit steht, noch in der kollektiven Zustimmung (dem Herdenhaften, das Nietzsche denunzierte). Man könnte sich ehrlich gesagt wundern, dass unser Zeitalter zu einer solchen Einfalt (gepaart mit Zynismus?) herabgesunken ist, wenn darin nicht das Symptom einer Ratio zu sehen wäre, die ihrerseits im Grunde wiederum philosophisch ist: unserer Schwierigkeit, dem, was wir nach wie vor – allerdings in so zerrütteter oder jedenfalls weitgestreuter Weise – „Erfahrung" nennen, wieder einen konsistenten Status in Bezug auf das Leben zu geben. Man wird also den Begriff der *Erfahrung* neu ausarbeiten müssen, nach dem Erfolg, den ihr – allerdings *partialisiertes* –

Fortkommen in der Wissenschaft in Europa gekannt hat, der ihr aber zugleich Risse im Fundament zugefügt hat, und zwar, um sie aus den Verirrungen, die von der „Weisheit" unterhalten werden, zu befreien und in ihr einen Halt für das *zweite Leben* zu finden.

V. Von der Erfahrung

„Erfahrung" (*expérience*) deckt im Französisch ein sehr breites Spektrum ab.[1] So breit, dass das, was zum Konzept gemacht und von der Philosophie berücksichtigt wird, nicht der Begriff selbst ist, sondern lediglich einige seiner sich aus ihm herauslösenden spezifischen Verwendungen. Was das Deutsche angeht, so unterscheidet es zwischen einer Erfahrung, die direkt aus dem Erlebten hervorgeht, zugleich in der Intimität des Subjekts empfunden und von selbst durch Immanenz erfasst wird (*Erlebnis*), und auf der anderen Seite einer Erfahrung, die explizit als ein Lernvorgang begriffen wird, der auf die Erkenntnis abzielt und den man (Hegel) so möglicherweise sogar zur Wissenschaft machen will (*Erfahrung*). Das Englische seinerseits isoliert das *experiment* als „Erfahrung", die als aktives Eingreifen in die Phänomene begriffen wird, mit der Absicht, ihre Ursachen zu verstehen oder gar ihre Entwicklung zu modifizieren (zumindest bei Popper steht das *experiment* der Französischen „*expérimentation*" nahe – dem Versuch oder der Erprobung), und trennt es somit von dem ab, was die gewöhnlichste Bedeutung des Ausdrucks bleibt, eine passivere, vagere Bedeutung, die ausloten lässt, was sich in uns (nur im Bewusstsein?) über den gesamten Verlauf unserer Existenz hinweg ablagert.

Nun, man sieht, wie ein und derselbe Begriff im Französischen (im Italienischen, Spanischen ...) zwischen diesen beiden einander fernen Ufern oszilliert, die sogar gegensätzlich erscheinen: zwischen einer prospektiven Bedeutung, in der er seine Bestimmung objektiv (transitiv) hervorruft und die von einer Initiative herrührt: „ein Experiment (*expérience*) machen"; und andererseits einer nicht länger heraustretenden, sondern *versenkten* Bedeutung: deren „Objekt" mit ihrem Fortschreiten zunehmend entbestimmt wird und deren Reichweite immer umfassender wird, insofern sie von einer Akkumulation herrührt, die sich erst im Nachhinein ermessen lässt – so spricht man von einem „Mann mit Erfahrung". Auf der einen Seite hat die Erfahrung an einem Erkenntnisprojekt Teil; auf der anderen jedoch benennt sie, was diesem entgeht. Einerseits kann sie (als Experiment) vorausgeplant und sogar protokolliert werden; andererseits bezeichnet sie, was nur extensiv, in der Zeit, erworben werden kann, ohne dass man sich dessen bewusst ist, wobei nicht explizit gemacht wird, was dazu beiträgt. Wie vollzieht sich der Übergang von einer Bedeutung zur anderen? Oder ist der Begriff unterhalb seiner Bipolarität womöglich a-kohärent? – Ist er nur eine Blähung des Denkens oder sein Notbehelf, der sich allein dadurch rechtfertigt, dass er Ungedachtes verhehlt?

Doch „Erfahrung" ist nichtsdestoweniger ein grundlegender Begriff der Sprache – und ist er nicht vielleicht sogar der grundlegendste, der am meisten *verankert* und der am tiefsten „eingegraben" ist? Ist nicht womöglich dieser Begriff der Punkt, wo die Sprache dem am nächsten kommt, was für die Sprache unnahbar bleibt, worauf sie jedenfalls immer nur andeutungsweise Bezug nehmen kann? Auch ist er vielleicht eben aufgrund dessen unausrottbar, was er an Zweideutigkeit zurückbehält, das heißt, was er im Vorfeld an Untrennbarem voraussetzt, auch wenn wir es doch nur getrennt denken können. In seinem unter der Oberfläche liegenden Teil ist er tatsächlich zu sehr „im Griff", als dass man noch sagen könnte „wovon". Das führt dazu, dass er nicht ausscheidbar und zugleich unbefriedigend ist, indem er als unauflösbar festhält, was sein Umschwenken erst ermöglicht. Denn es ist ein Begriff, der andeutet oder abschöpft, jedoch nur in restriktiver Weise benennt. Das Lateinische kannte bereits die beiden Bedeutungen, die darin nebeneinander stehen und zwischen denen er oszilliert (*experior, experientia*): einerseits die aktive, prospektive, ihren Gegenstand abgrenzende Bedeutung einer Probe oder eines Versuchs: *vim veneni experiri*: die Stärke eines Gifts erproben, damit „experimentieren"; andererseits die zusammenfassende und kumulative Bedeutung, bei der das Lernen nicht mehr nur auf kontrollierte, sondern auf nachhaltig bewährte, folglich auch unbestimmte und unkonzertierte Weise vor sich geht: „Ich habe davon durch Erfahrung, nicht durch Studium Kenntnis erlangt", sagt Cicero – *id experiendo magis quam discendo cognovi.*

Das Griechische (peira, πεῖρα; peiran, πειρᾶν) hat die punktuelle Bedeutung einer Probe oder eines Versuchs sogar bis hin zum verwegenen Streich ausgeweitet. „Eine Frau zu verführen" ist solch eine gewagte „Erfahrung"; oder einen Räuberstreich versuchen – von solchem Wesen ist der „Pirat", der es „versucht" und die *pirates* wagt, indem er sich in eine „Fährnis" begibt (das *periculum* der Lateiner). So wie es auch die resultative Bedeutung einer durch Akkumulation und in der Dauer erworbenen Erfahrung entwickelt (*dia peiras*, διὰ πείρας): Wenn ich also der Politik überdrüssig geworden bin, sagt schon Axiochos im Pseudo-Platon, dann nicht etwa wie du, der du leicht davon reden hast, während du die Dinge aus der Ferne betrachtest (*ex apoptou*), sondern vielmehr aus der „Erfahrung" heraus, die ich durchgemacht habe, also der, die tatsächlich daraus resultiert, was über so viele Jahre wirksam, am Werk (*en ergoi*, ἐν ἔργῳ) gewesen ist. Geht man gar darauf zurück, was offenbar die Wurzel des Wortes

darstellt (*per), dann wäre „die ursprüngliche Vorstellung"
nach Chantraines Schlussfolgerung so etwas wie „vorwärts
gehen, in etwas eindringen". Sie drückt, wie man uns sagt,
„zugleich ein Durchbohren und ein Fortschreiten" aus.

Aber sind diese beiden Bedeutungen, die so einfach ne-
beneinandergestellt werden, vielleicht doch äquivalent? Ist
hier nicht schon ebenso gut das eine wie das andere zu erkennen: das Spaltereignis, bei dem auf der Stelle entschieden wird, sobald man wirklich an die Realität gerät, die man
herausfordern will (und entweder funktioniert es oder es
funktioniert nicht), ebenso wie die prozesshafte Entwicklung, aus der, über längere Zeit hinweg sich ablagernd, eine
Lektion hervorgeht, von der man nicht wusste, dass man
sie lernt? „Durchqueren" (traverser), wie dieser elementare
Semantismus besagt, heißt ebenso gut, einen Widerstand
zu durchdringen wie eine Strecke zurückzulegen. Wie aber
vollzieht sich der Übergang von der ersten Bedeutung zur
zweiten? Oder ist das Leben nicht womöglich gerade das
Umschlagen des einen ins andere, das gewöhnlich der Aufmerksamkeit entgeht? Ist es nicht vielleicht genau diese
„Erfahrung" von dem einen hin zu dem andren? Denn was
man zunächst punktuell und absichtlich „durchdringen"
musste, indem man sich ihm entgegenstellte, verwandelt
sich von selbst in die ausufernde, lautlos verschlingende
Decke all der Dinge, die man im Leben „durchgemacht"
hat und die dann plötzlich, mit einem Mal, wieder an die
Oberfläche kommen, ohne dass man daran gedacht hätte.
Nun, es ist die Vertiefung des zweiten Typs der Erfahrung,
die von der Möglichkeit eines zweiten Lebens Rechenschaft
geben wird.

Denn wenn man nach dem tieferliegenden Gemeinsamen des Ausdrucks „Erfahrung" sucht, das ihn schließlich
als Vorstellung rechtfertigt und ihn aus seiner Zweideutigkeit herausholt, erkennt man wohl, dass es ihm in dem ei-

nen wie im anderen Fall zuteilwird, die in der Regel mehr oder weniger ausgefranste *Berührungs*- oder Einbruchszone zu bezeichnen, die das Subjekt mit dem *Effektiven* unterhält. Doch wird diese entweder punktuell betrachtet, konativ-ereignishaft, wobei man das Objekt zugleich aus seinem Sachzusammenhang heraustreten lässt („die Erfahrung einer Sache machen"). Oder aber sie wird nicht länger in der Perspektive der Erprobung eines Unterfangens begriffen, dessen Initiative bei einem selbst liegt, sondern in der eines Ablaufs, der sich von selbst entwickelt; nicht mehr in der eines Eintretens (einer Konfrontation), sondern einer Entwicklung (Freisetzung); nicht mehr in der des Intentionellen (das über die Handlung entscheidet), sondern des Prozesshaften (das durch Transformation voranschreitet). Sie wird also nicht mehr als prospektiv, sondern als resultativ gedacht: Man sucht nicht mehr nach ihr, sondern erntet sie. Sie unterliegt nicht mehr der Transzendenz des Blickpunkts, sondern ist Teil einer immanenten Rendite für getätigte Investitionen: Man betrachtet sie also nicht mehr aus dem Blickwinkel des entscheidenden Augenblicks, sondern aus dem der Dauer, die langsam sortiert und geklärt hat.

Diese zweite Form der Erfahrung beruft sich daher nicht mehr auf eine *Innovation*, sondern auf eine *Kapitalisierung*. Sie ist nicht mehr aggressiv („durchdringend": durch ihre Einschlagskraft), sondern expansiv, weil etwas dabei kontinuierlich „durchlaufen" und durchquert wird. Ihr Objekt wird zunehmend ent-bestimmt, eben indem es umfassender wird (so sagt man schlechthin: „ein Mann von Erfahrung"). Wenn also der Lauf des Lebens uns von der ersten Form der Erfahrung zur zweiten hinführt, wird klar, wo die Möglichkeit eines *zweiten Lebens* ihren Anfang hat. Das zweite Leben ist eine Wiederaufnahme – ein Neubeginn –, die sich diese *zweite*, umfassende und kumulative Erfahrung zur Grundlage nimmt, allerdings um es *von neuem zu versuchen*. Das heißt, es macht sich diese kapitalisierende Erfahrung zweiten Typs zunutze, die aus der stillen Mutation hervorgeht, welche im Laufe des Lebens aus dem vorherigen sich ergibt, jedoch um, indem es aus diesem versteckten Bestand Profit zieht, wieder an die abenteuerlustige Innovation anzuknüpfen, die jener Erfahrung zugehört, welche man in der Gegenüberstellung als Erfahrung des ersten Typs bezeichnen würde. Daher der deutliche Unterschied zur Weisheit: Während die „Weisheit" sich mit dieser zweiten Erfahrung begnügt, die durch langfristige Kapitalisierung aus der ersten entstand, nutzt das zweite Leben sie zwar seinerseits, indem es sich auf sie stützt, *jedoch* um zu einer neuen Initiative zu gelangen und es noch einmal zu versuchen. Es schickt sich an, besser zu beginnen, besser und entschlossener zu versuchen und zu riskieren, wobei es sich ausgehend von dem reformiert, was das Leben in seinem Fortschritt bereits aussortiert und geklärt hat, sodass damit auch die Ressourcen wirksamer zutage treten.

Es stimmt zweifellos, dass es einfacher ist, den ersten, den distinkt hervortretenden Typus von Erfahrung, der versuchsartig und lokal ist, mit dem Denken zu erhellen, und zwar gerade weil er sich ereignishaft vom kontinuierlichen Lauf der Dinge abhebt; noch mehr gilt das für jene Erfahrung, die eigentlich experimentellen Wert hat und explizit auf Erkenntnis abzielt: Ihr kommt in Europa das vorrangige Bürgerrecht in der philosophischen Reflexion zu, seit sich diese endgültig die Wissenschaft zum Ideal genommen hat. Denn sobald sie ihren Gegenstand determiniert, unterscheidet sie augenblicklich, offenkundig und unbestreitbar, nämlich durch direktes *Zusammenführen* der Dinge, welche aus einer Vielfalt von Möglichkeiten die Wirksame ist. Descartes trägt uns auf, von den Experimenten, die sich unseren Sinnen von selbst präsentieren und bei denen zu beginnen sei, zu jenen ausgesuchteren überzugehen, die versteckte Tatsachen ans Tageslicht bringen und uns so erlauben, von selbst „von den Wirkungen auf die Ursachen zurückzukommen", und auf diese Weise zu erkennen, welche der ins Aug gefassten Hypothesen die allein zutreffende ist. Denn weil das abstrakt (mathematisch) Deduzierte auf vielfältige Weise ableitbar ist, besteht „die größte Schwierigkeit gewöhnlich darin, die Weisen zu finden, in denen diese Wirkung von den Prinzipien abhängt". Hier liegt der ausschlaggebende Punkt des Experiments, Bacons *instantia crucis*, der es erlaubt, an Ort und Stelle zu entscheiden, wie wenn man dem an einer Kreuzung aufgestellten Wegweiser folgt, an welchen dieser widerstreitenden Wege man sich halten soll. Descartes fordert am Ende seiner *Abhandlung über die Methode* inständig die Ausweitung derlei Experimentierens ein, weil allein dieses Experimentieren, in Entsprechung zu der Notwendigkeit, die die Modellbildung impliziert, einen unbegrenzten Fortschritt der Wissenschaften vermittels ihrer Verifikation erhoffen lasse.

Nun hat sich die neue Physik im Europa der Neuzeit eben auf Basis eines solchen sich augenblicklich manifestierenden *Entscheidungs*vermögens des Experiments begründet, hat ihre Wirksamkeit sich erwiesen, hat die Wissenschaft ihre Erfolge errungen (und Europa seine Vormacht erlangt). Doch im selben Zug wurde die Erfahrung zweiten Typs, die im Unbestimmten, durch langsame Neigung und stille Kapitalisierung in der Dauer zu Werke geht, umso mehr ins Schattenreich und unter die Oberfläche verwiesen. Denn insofern sie als Modell diente, als „Entscheidungs- oder Urteilsinstanz", wie es Bacon wollte, ist diese Erfahrung des Experiments exemplarisch für die Weise, wie der „in einem Schwebezustand befindliche"

Geist eine Entscheidung treffen kann, und konnte sie nur die Form der Alternative, die noch dazu augenblicklich ist, bestärken, der entsprechend sich – an der Wegkreuzung zwischen Gut und Böse ebenso wie der zwischen Wahrem und Falschem – in Europa auch die moralische Erfahrung dargestellt hat. Nicht nur wird unter der Wirkung dieser Objektivität – erst die Wissenschaft offenbart uns ihr Erfordernis – eine Erfahrung, die durch Ausschluss lediglich dem „Subjekt" zugehörte, von vornherein vernachlässigt; es bleibt auch im Ungedachten, welche andere Erfahrungslogik – der Erfahrung zweiten Typs –, d. h. welche diskrete, kumulative und resultative Aneignung die Existenz in ihrem Verlauf für sich nutzbar machen kann. Damit wird begreifbar, in was für eine Inkonsistenz – im Vergleich mit der objektiven und bestimmten Erfahrung des ersten Typs, die im modernen Europa die Wissenschaft systematisiert hat – diese schwer zu fassende Erfahrung geradezu absinken musste und warum der Diskurs der „Weisheit", der auf dieser zweiten Art von Erfahrung aufbaut, dem jedoch so die Grundlage entzogen wurde, nunmehr hoffnungslos unzulänglich erscheint.

Nach dem Urteil der theoretischen Vernunft nämlich ist die langfristige Erfahrung des zweiten Typs zwangsläufig abzulehnen, die sich zunächst ohne unser Wissen durch implizite Anhäufung dort niederschlägt, wovon wir uns nicht einmal mehr sicher sind, ob es sich als das Bewusstsein isolieren lässt. Schon Parmenides, der die Grundbedingung eines jeden Rationalismus in der Angleichung von „Sein" und „Denken" besiegelte, forderte ein, die übliche Vorgangsweise zu verwerfen, nämlich sich durch eine unbeschränkt variable und „vielfältige" Erfahrung leiten zu lassen (*ethos polypeiron*, ἔθος πολύπειρον), sich tastend nach vorn zu wagen, indem man „ein Auge rührt", das „ohne Absicht" bleibt, während das „Ohr vom Widerhall der Welt rauscht" – und zwar zugunsten des *logos* der expliziten Vernunft, die allein dazu geeignet sei, über Strittiges zu entscheiden und darüber, was der Diskurs in widerspruchsvoller Weise aussagen kann (Fr. 7). In gleicher Weise gesteht Montaigne in der Eröffnung seines letzten Essais „Von der Erfahrung" zu, dass es „kein natürlicheres Begehren gibt als jenes nach Erkenntnis" und dass wir „von der Erfahrung, die ein schwächeres und weniger würdiges Mittel ist", nur dann Gebrauch machen dürfen, „wenn es uns an der Vernunft gebricht". Doch ihr Gebrauch ist nichtsdestoweniger notwendig – das erkennt Montaigne an und erwischt damit den Rationalismus auf dem falschen Fuß, weil die grenzenlose Vielfalt der Dinge und des Lebens sich nicht leicht erfassen lässt, weil sich sogar zwei Eier voneinander unterscheiden können und das Wissen vom Allgemeinbegriff daher unecht ist.

Diese Notlösung der Erfahrung ist gerade das, wozu sich Montaigne offensiv bekennt, und zwar indem er Anklage gegen den Schleier erhebt, mit dem die trügerische Abstraktion die Existenz zugedeckt hat. Seinetwegen hat das, was sich in der Rede aussagen lässt, in Montaignes Augen keinen Zugriff mehr auf das Leben: „Ich weiß nicht, was ich darüber sagen soll, aber es ist durch Erfahrung zu spüren" ... Deswegen auch müssen das Gebot und der Anspruch der Philosophie umgeworfen werden („Es geschieht aus eigener Erfahrung, dass ich die menschliche Unwissenheit anklage"), und deswegen könne die Weisheit sich einzig auf diese Erfahrung des Erlebten gründen, das vom Subjekt kumulativ registriert wurde (das ist nun tatsächlich das „Register" der „Versuche meines Lebens") und als solches nicht auf den Begriff reduzierbar ist: „An dem, was ich an mir selber erfahren habe, fände ich genug, ein Weiser zu werden ..." Doch vielleicht hat Montaigne, kaum eine Generation älter als Bacon und somit an der Schwelle des großen

Höhenflugs wissenschaftlicher Erfahrung in Europa, den Begriff der Erfahrung, den er zum Endpunkt seines Denkens macht, nicht ausreichend geklärt, weil er dessen beide Schichten – diese zwei gegensätzlichen Bedeutungen: *konativ* oder *kumulativ, innovativ* oder *kapitalisierend* – nicht unterschieden hat, aus denen der Erfahrungsbegriff seine Fähigkeit zum Spiel und zum Umschwenken schöpft. Folglich kann er auch nicht erklären, wie ein Übergang von dem einen zum anderen möglich ist. Da er den Begriff zu konfus einheitlich hält, kann er ihn auch nicht vor dem bewahren, was ihm seit jeher droht: dass unter dem Rationalitätsmodell, in das die Erfahrung in Europa in Bezug auf die Erkenntnis eingebettet wird, all das, was vom operativen Erfolg des *Experimentellen* abweicht, darauf reduziert wird, als Restmenge in die nicht zu behebende Schwäche des *Empirischen* abzugleiten. Denn dieses kann, wenn es nicht im strengen Sinn das phänomenale Gegenstück der logischen Vernunft und ihrer Notwendigkeit *a priori* benennt (bei Kant), nichts anderes mehr bezeichnen als die trostlose Kehrseite des Ideellen, oder sagen wir des Modells, das als „Ideal" angepriesen wird. Eine *Kehrseite*, auf welche man in Europa die Weisheit eingeschränkt hat, sodass sie in der Folge verkümmert ist.

Um dieser Entwertung der Erfahrung und damit auch dem Resignierten einer Weisheit zu entgehen, welche der Hegemonie jener Modellbildung unterliegt, die der Wissenschaft zu ihrem Triumph verholfen hat, müsste man tatsächlich nicht nur den unendlichen, unmöglich zu subsumierenden Wandlungen der Dingen und des Lebens Rechnung tragen, wie es Montaigne getan hat, sondern auch genauer analysieren, worin die Logik dieser dekantierten, nicht mehr versuchshaften, sondern diskret destillierten und im Stillen sich ansammelnden Erfahrung eines Subjekts besteht, das *durchs Leben geht* – und zwar so weit, dass es ein zweites Leben in die Wege leiten kann. Montaigne dachte die Erfahrung wohl als „Versuch" und als Prüfung, ja sogar als „Exerzitium" und Ertüchtigung (wäre denn so etwas mit Hinblick auf den Tod möglich? Siehe *Essais*, II, 6). Doch sogar in seinem letzten Essai, „Von der Erfahrung", der eine Bilanz seines Lebens und Denkens darstellt, öffnet er den Begriff nicht, zumindest nicht explizit, für die Dimension des Lebens-Laufes und der Dauer. Zumindest hat er diese *kumulative* Bedeutung nicht ausreichend von der *konativen* Bedeutung gelöst, um das Leben im Übergang von der einen zur anderen zu denken. Anders gesagt bezieht er daraus nicht in hinreichendem Maße eine Erfahrung des zweiten Typs, aus der in der Folge – durch neuerliches Umkippen des einen Lebens ins andere und durch die Rückwendung zur Erfahrung des ersten Typs – deutlicher sichtbar die Möglichkeit eines zweiten Lebens hervorgehen könnte. Das heißt, dass er die unter der Oberfläche liegende Dimension nicht weiter ergründet, die zugleich diejenige der Auswahl und der Kapitalisierung ist und die es ermöglicht, dass noch einmal eine Reinvestition stattfinden und eine probatorische und willentliche Erfahrung mit mehr Vorbedacht „versucht" werden kann und dass man sein Leben reformieren, einen Neubeginn machen kann. Was zulassen würde, dass es im Endergebnis nicht auf das hinausläuft, was man herkömmlicherweise (und auch noch Montaigne) die „Weisheit" – durch Erlahmen der ehrgeizigen Bestrebungen oder Willensregungen der Jugend – genannt hat: auf die Versöhnung *in fine* mit der eigenen Bedingtheit (Einverständnis mit der „Natur", diesem so „sanften Führer") oder gar auf ein glückliches Annehmen des verbleibenden Lebens durch die endlich erlangte Fähigkeit, die Einzigartigkeit des Augenblicks in seiner ganzen Fülle sich anzueignen („wenn ich tanze, dann tanze ich ..."). Aber gerade das erlaubt es vielleicht, dass sich, von diesem angesammelten Erfahrungskapital ausgehend, ein ausreichender Abstand zum vergangenen Leben eröffnet und ein kühneres *zweites Leben* beginnen kann.

Wenn man also gewillt ist, der Subjekterfahrung in ihrem Fortdauern und ihrer zeitlichen Verdichtung zu folgen, gemäß der schrittweisen Akkumulation alles dessen, was das Subjekt durchlebt und durchgemacht hat, wird einen das nicht etwa dazu führen, diese Erfahrung als kontinuierlichen *Fortschritt* zu betrachten? Folglich diese subjektive Wegbahnung zum Modell zu erheben, so wie es die Wissenschaft zuvor mit dem Experiment getan hat, von dem sie behauptet, es sei objektiv? Müsste man, um der Verwirrung zu entgehen, in der Montaigne die „Erfahrung" belassen hat, folglich nicht umgekehrt ihren typischen Verlauf rekonstruieren, einen abgesteckten Pfad für diese Wegstrecke anbieten – so wie es Hegel getan hat –, dem das Bewusstsein in seinem Fortschreiten unweigerlich folgen würde? Gibt es nicht vielleicht eine dieser Entwicklung von einer Etappe zur nächsten innerliche Notwendigkeit, der unsere singulären Schicksale sich ohne ihr Wissen beugen? Müsste man, anders gesagt, nicht das Vagabundieren und das ordnungslose „Frikassee" der *Essais* hinter sich lassen zugunsten einer in sich verbundenen Beschreibung der „Figuren" dieses Wegs, wobei diese in ihrer sukzessiven „Überwindung" eine Logik zum Vorschein bringen?

Doch würde das nicht wieder bedeuten, diesen Fortschritt allein unter dem Gesichtspunkt der Erkenntnis aufzufassen, so, als wäre die Erkenntnis das einzige Wissen des Bewusstseins? Ihn als, in hegelschen Begriffen, jenes von zwei entgegengesetzten Momenten zu begreifen, nämlich des „Wissens" im Gegensatz zu seinem „Gegenstand", das eben durch ihre „Ungleichheit" (ihre Negativität) in Bewegung versetzt wird, wodurch das „Selbst" jedes Mal dazu geführt wird, „sich zu entfremden", um, indem dieses Element von Äußerlichkeit unterdrückt wird, zu sich selbst zurückzukehren und sich so anzueignen, was ihm entgegengesetzt war. Man wird diesen Ablauf also einer dialektischen Anordnung folgend darstellen, die uns vor dem Zusammenbrechen der Weisheit retten soll – deren letzter Vertreter Montaigne vielleicht war –, und das „allein" dadurch, dass man den Motor seiner Entwicklung von selbst ans Licht kommen lässt; „die Wissenschaft dieses Weges" wäre daher „die Wissenschaft von der Erfahrung", die das Bewusstsein auf seiner Reise macht, also eben Hegels *Wissenschaft der Erfahrung* (Vorwort zur *Phänomenologie des Geistes*, III, Anfang). Doch was lässt diese phänomenologische Rekonfiguration einer solchen Wegbahnung des Bewusstseins – die immer noch gemäß dem Gegensatzpaar des theoretischen Wissens (Subjekt/Objekt) begriffen wird, d. h. allein anhand der Frage nach der Wahrheit, ihrem Anspruch auf demonstrative Notwendigkeit und systematische Form – unter ihrem Zugriff (*emprise*), in ihrem Reich (*empire*), noch alles unter den Tisch fallen?

Diese dem Bewusstsein inhärente Bewegung, mit der es in jedem Schritt auf seine erreichte Gewissheit verzichtet, um zur nächsten überzugehen, wobei sie sich die vorige eingliedert, um sich über sie zu erheben, sodass das Bewusstsein ständig dazu angeleitet ist, „über sich hinauszugehen" – würde sie etwa nicht diese lange während Erfahrung von einem zugewiesenen Endpunkt ausgehend neu konfigurieren: nämlich ebendem, den der Philosoph, der doch nur zu beschreiben beabsichtigte, von Anfang an gesetzt hat? Abhängig von einer Finalität, von der man sich stets wird fragen können, ob sie ihr nicht von außen aufgezwungen wird (vom „für uns", das sie von außen betrachtet und ihr das enthüllt, wovon sie nicht weiß, dass sie es weiß, wie es die Philosophie seit Sokrates so meisterlich zu tun behauptet). Das läuft darauf hinaus, dass sich der hegelsche Weg der Erfahrung, indem er das Bewusstsein dazu führt, sein unmittelbares Denken (*Meinen*) aufzugeben, das ans Hier und Jetzt gebunden ist und dessen abstrakte Armut es rückblickend erkennt, indem er sich auf solche Weise fortsetzt und Licht in die implizierte Logik bringt, einem normativen Werden unterworfen sieht, das stets im Verdacht steht, unter der Hand von einem projektierten Sinn abzuhängen und demnach von einer Metaphysik (Teleologie) der Schicksalsbestimmung; es läuft darauf hinaus, dass dieser Weg mehr *konstruiert* ist (in abstrakter Weise, allem Leugnen zum Trotz) als phänomenologisch *beschrieben* zu sein, d. h. ohne Abweichung von dem, was das Bewusstsein tatsächlich erlebt – also vom Phänomenhaften der Erfahrung selbst, wie sie sich völlig deckungsgleich mit der Existenz konstituierte und feststellen ließe (was seinerseits Montaigne so hervorragend geglückt war). Sich feststellen ließe in dem, was von nun an nicht länger ihr mehr oder weniger offen eingestandener projektierter Zweck wäre, sondern nur ihr feststellbares Ergebnis, wobei dieses *Resultative* allein das „Wirkliche" ist. Das heißt, dass sie faktisch nur als eine Erfahrung des „zweiten Typs" erklärbar wäre: dass sie, mit anderen Worten, eine Schwelle zum zweiten Leben bildet. Sodass sie sich von der probatorischen Erfahrung (dem Experiment), die im Augenblicklichen geprüft und riskiert wird, ablagert, tiefer dringt, sich klärt, unbestimmter und umfassender wird, bis aus ihr jene tiefliegende, versunkene Decke wird, von der ausgehend sie noch einmal zu sich kommt, sich neu investiert und engagiert, es mit besserem Wissen versucht.

Bei Hegel bleibt nämlich ungeklärt, mittels welcher impliziten Verzweigungen sich in der Dauer, die darum aber noch kein „Fortschritt" ist, die im Augenblick versuchten Erfahrungen (Experimente), die Gelegenheiten und Situationen, denen man gegenübersteht, unterhalb der von der Vernunft offenbarten Bestimmung de-isolieren, aneinander anschließen und sich verbinden, sich annähern und überlagern, sich bekräftigen und verstärken; es bleibt ungeklärt, durch welche tiefliegende Verbindungsarbeit – nicht die explizite des Verstandes, sondern diejenige der Anhäufung und Kapitalisierung des „Erlebten" (der *Erlebnisse*) – diese zunächst örtlich gebundenen Erfahrungen langfristig unbestimmter und zugleich allgemeiner werden, wobei sie nicht deduziert werden, sondern sich herausdestillieren, also auf einer Erfahrung zweiten Typs basieren, *auf deren Grundlage* noch einmal eine neue probatorische Erfahrung (ersten Typs – ein Experiment) versucht werden kann. Diese Qualifizierung der Erfahrung erfolgt also nicht, in hegelschen Begriffen, durch „Überwindung", sondern durch Freilegung, nicht durch „Negation" („Vermittlung"), sondern durch Auswahl (Klärung), nicht durch Beseitigung (Bewahrung), sondern durch stille Kapitalisierung und Wieder-an-die-Oberfläche-Treten. Die Logik ist dabei nicht eine der „Aufhebung", sondern, wie man sagen könnte, eine der Wiederaufnahme.

Denn letztlich bleibt die Erfahrung bei Hegel dadurch abstrakt und vom Phänomenalen abgelöst, dass sie folgende beiden Dinge getrennt hält: die Erfahrung, die direkt (d. h. vorprädikativ) vom Erlebten in der Intimität des Subjekts emaniert (das *Erlebnis*), und andererseits die Erfahrung, die explizit als Lernprozess unter Berufung auf den *logos* der Erkenntnis aufgefasst wird (die *Erfahrung*). Oder vielmehr hat Hegel jene unter dieser begraben, so wie es der Idealismus schon immer getan hat. Es stimmt wohl, dass auf diesem „Weg" der Erfahrung das Bewusstsein dazu kommt, die Inkonsistenz dessen ans Licht zu bringen, woran es zuvor – naiv – festhielt. Doch mündet diese Enttäuschung, statt zwingend zu einer neuen Gestalt der Wahrheit zu führen, wie Hegel es wollte, der diese als Ziel seines Wegs festlegte, viel eher in etwas, was man „Luzidität" nennen kann. Sie ist es, die als eine *negative* Anleitung, die dennoch keine Kenntnis ist, die „Schwelle" zum zweiten Leben bildet: Sie *bildet die Schwelle* zu dem, was sich weniger abstrakt als Fortschritt der Erkenntnis denn vielmehr als ein Aufstieg der Existenz – die sich auf dieses zweite Leben hin öffnet – vorstellen lässt.

VI. Luzidität

Die Luzidität ist nicht *Intelligenz*, deren Wesentliches das Verstehen ist. Während die Intelligenz so wie die Sprache eine Fähigkeit ist, ja sogar die allgemeinste, während sie zumindest teilweise angeboren ist und sich auf ein Objekt, zugleich in seiner eigenen Bewegung wie auch im Augenblick, bezieht, wird uns die Luzidität nicht gegeben, ja sie ist nicht einmal Gegenstand der Instandhaltung und der Übung: Sie lässt sich nur durch langsames Voranschreiten und in resultativer Weise erlangen – und lässt sich dieses Resultat dann überhaupt von einem zum anderen kommunizieren? Die Luzidität ist auch keine *Kenntnis*, insofern diese in entschiedener Weise von einem Erwerb herrührt. Während die Kenntnis sich über gewisse Bereiche und Disziplinen erstreckt, ist die Luzidität eine globale Fähigkeit, die sich nicht zerstückeln lässt oder gelehrt werden kann. Wenn man sie neben Begriffe stellt, die als ihre Synonyme angegeben werden, zeigt sich ebenfalls, dass sowohl die *Durchdringung* wie der *Scharfsinn* (die Klarsicht) voraussetzen, dass der Geist auf einen Widerstand – etwas Undurchsichtiges – gestoßen ist und ihn überwindet. Beide verweisen prospektiv auf eine Situation, deren Schwierigkeit zu lösen ist. Ihre Anwendung erfordert einen Ansatzpunkt, wobei sich Erstere eher durch Tiefe und Letzterer durch Klarheit auszeichnet. Doch die Luzidität ist aus einem Werden hervorgegangen: Man *wird durch Erfahrung* luzide; sie wird prozesshaft und durch Freiset-

77

zung erlangt: Ein Licht kommt ganz von selbst, immanent, ausgehend von alldem, was man erlebt und durchgemacht hat. Durchdringung und Scharfsinn benennen ein operatives Vermögen des *Geistes*, die Luzidität eine Ebene, zu der das *Bewusstsein* Zugang erlangt hat. Während jene das Überwinden einer Verlegenheit bezeichnen, die sich dem Denken präsentiert, drückt diese den Ausweg aus einer Undeutlichkeit aus, durch die man sich irre machen ließ. Auch ist *Luzidität*, insofern sie bedeutet, dass man aus jenem Durcheinander heraustritt, in dem man sein früheres Leben zugebracht hat, der Name für das Vermögen eines Subjekts, das Zugang zum zweiten Leben erlangt.

Da sie nicht im eigentlichen Sinn erworben wird, ist die Luzidität keine Angelegenheit der Methode oder des Willens. Kann ich mir überhaupt *wünschen*, luzide zu werden? Ich würde mir, um die Wahrheit zu sagen, eher das Gegenteil wünschen: in einer naiven Unentschiedenheit – einer primitiven Verwirrung – zu verbleiben, die eher, in unmittelbarerer Weise, meinen Wünschen entspricht, da sie mich nicht nötigt, die Realität ohne Illusionen zu sehen, oder so, „wie sie ist". Während man wohl gern intelligenter wäre oder über mehr Kenntnisse verfügte, ja selbst über einen scharfsinnigeren oder durchdringenderen Geist verfügte, würde man mehr Luzidität nicht etwa im Gegenteil sogar fürchten? Wäre man nicht lieber vor ihr geschützt? Jedenfalls muss ich, um zu verstehen, was Luzidität ist, wie schon hinsichtlich der Erfahrung zweiten Typs, von der sie ausgegangen ist, den von der europäischen Sprache auferlegten Gegensatz von passiv und aktiv auflösen, folglich das Register des Intentionellen und der freien und absichtlichen Entscheidung verlassen. Denn die Luzidität ist *in einvernehmlicher Weise* ergebnishaft: Ich wurde durch die gemachten Erfahrungen zu ihr hingeführt, während ich zugleich durch deren Beachtung zu ihr beigetragen habe.

Nicht jeder, der negative Erfahrungen durchlebt hat, ist dadurch luzide geworden; es ist auch eine Mitarbeit des Subjekts erforderlich, das es hinnimmt, dass sie ins Bereich seiner Reflexion eintreten. Zur Luzidität komme ich durch alles, was ich erlebt habe und wodurch sich allmählich aufgelöst und zersetzt hat, was mein Bewusstsein in Form von geistigen Vorstellungen verdunkelte, die sich ohne mein Wissen einstellten und mir die Realität verschleiert haben – wodurch es zu bröckeln, zu zerfallen, rissig zu werden begann, durch äußerlich ausgeübten Zwang und gleichzeitig durch persönlich auf mich genommene Rektifikation –, woraufhin die „Wirklichkeit" aus ihrer nebelhaften Zweideutigkeit heraustritt, um präzise das zu bezeichnen, was nach diesem Ausscheiden noch *übrigbleibt*.

Denn woher ist dieser Schleier gekommen, oder vielmehr das, was ich nun rückblickend als einen „Schleier" erkenne, da er zu zerfasern beginnt und ich ihn allmählich zerreiße? Er stammt von dem her, was die Moral und die uns gelehrten Codes transportieren und was schon die eingeübten Worte mit sich führen, die endlos ihr Netz von Überzeugungen und Konventionen weben, das heißt von allem, was sich an Ideologie zwischen den Geist und die tatsächliche Realität geschoben hat, und von den Täuschungen, von denen sich das Bewusstsein befreien muss. Denn dank dieser *dekapierenden* Luzidität, die selbst aus einer *geklärten* Erfahrung resultiert, die sich ohne unseren Willen durchsetzen konnte, die man sich allerdings auch durch Reflexion verdient hat, erhält das, was wir unter dem „Effektiven" verstehen können, endlich einen Sinn: Es ist das nackte, entkleidete Wirkliche. So wie Descartes das Wachs von seinen sekundären Eigenschaften, die zwar manifeste Qualitäten sind, bei denen die „Prüfung durch den Geist" allerdings im Unklaren bleibt, nur „entkleiden" konnte, indem er es zum Feuer brachte, so lässt auch „Wirkliches" sich nur entkleiden durch fortgesetzten *Kontakt* mit der *Erfahrung*. Dieser Kontakt allein hat ausgereicht, und zugleich kann einzig er dieses Ergebnis herbeiführen. Folglich sehe ich nicht etwa, auf eine Offenbarung wartend, „darüber hinaus" – entsprechend der Operation der Metaphysik, die zur Zweiteilung der Welt führt – sondern *hindurch*: Ich gelange zu der Feinzeichnung – der Faser –, die im Raster oder Grundstoff des Lebens eine gänzlich andere Konfiguration der Dinge durchscheinen lässt. Denn die zunächst gegebene Vorstellung, die öffentlich angepriesene, die üblicherweise im Gebrauch ist, tendierte dazu, sie zu verdecken, oder ließ sie zumindest nicht zum Vorschein kommen. Daher ist die Luzidität keine *Entdeckung* (*découverte*), sondern ein *Aufdecken (découvrement)*. So wie die geläuterte Linie der Feinzeichnung wird auch die Luzidität aus einer Art Kargheit geboren, die unterhalb von alldem, wovon der Geist sich verfinstern ließ, etwas hervortreten lässt, was nicht länger behübscht ist – noch auch verbrämt, beschlagen oder verklebt. Den „klaren Winter" (*hiver lucide*) nannte das Mallarmé.

Denn allein diese ausreichend in der Dauer (dem „Winter") erprobte Strenge rettet vor leichtfertigen Zustimmungen und macht die Bequemlichkeit der Illusionen zunichte, aus denen befreit zu werden der Geist so sehr fürchtet. Auch die Krankheit hat, vielleicht sogar an erster Stelle, an dieser Entblößung teil. „Gesundheit" und „Glück" sind „Scheuklappen", heißt es; „die Krankheit lässt endlich klar sehen". Tatsächlich, die Krankheit macht luzide, weil sie eine Abkopplung von dem herbeiführt, was man allzu leichtfertig (allzu bereitwillig) für selbstverständlich nahm – und wäre das nicht zuallererst jenes Leben, das unbemerkt „im Schweigen der Organe" vor sich geht? Weil sie uns vom Funktionellen trennt, das uns in allzu naiver Weise auf seine „Evidenz" und seine Normalität einschwört. Und zwar vor allem auf die Normalität jener geringsten Gesten, geringsten Bewegungen, die ich vorher machte, ohne darüber nachzudenken, und die jetzt, da es mir Schwierigkeiten macht, sie auszuführen, merkwürdig problematisch geworden sind und durchblicken lassen, was die angeeigneten Regelhaftigkeiten (genauso gut könnte man sagen: die hingenommenen Anpassungen) an Chaos verhehlen konnten. Indem sie uns außer Gefecht setzt, uns aus dem *sich selbst erneuernden* Wandel der Dinge ausscheiden lässt – den man für „natürlich" geneigt hält, sich zu erneuern (wie es ein jeder neue Morgen tut) –, verschafft uns die Krankheit einen Sichtabstand auf diesen Wandel, lässt uns misstrauisch gegen ihn werden, weckt Verdacht: Die Zustimmung wendet sich in ein Hinterfragen. Indem sie uns vom gesicherten Leben entfremdet, lässt sie uns gewahren, was denn das Leben in essentiellerer – *fremdartigerer* – Weise ist und was man sonst nicht einmal geahnt hätte. Die Luzidität, die dann erreicht wird, lässt einen trotzdem nicht in Pessimismus oder Weltschmerz versinken, denn das wäre bloß eine neue Konstruktion und Überlagerung des Geistes, nicht mehr wert als die vorherige. Sie besteht nicht in Resignation und Entsagung, nicht einmal in einer Beruhigung, so wie es die Weisheit möchte, insofern sie sich aufs zweite Leben öffnet (man sie *dazu veranlasst*, sich in Richtung dieses zweiten Lebens zu öffnen) – Pessimismus ist auch Faulheit.

Tatsächlich, aus dem, was solcherart unsicher geworden ist, aus all dem durchgemachten „Schmachten", kann eine „fröhliche Wissenschaft" entstehen – *gaya scienza* nannte Nietzsche sie, als er gerade von einer Krankheit genesen war (in seinem Vorwort zur *Fröhlichen Wissenschaft*). „Fröhlich", das heißt aufgeweckt, weil sie sich daran erfreut, endlich die Initiative für sich erobert zu haben, und zwar, indem sie sogar ihre grundlegendste Anhaftung, die Anhaftung ans Vitale, bricht und dadurch mit einem Schlag sämtlichen Dogmen Risse bis in ihre Grundfesten zugefügt hat. *Fröhlich*, weil man dadurch das Leben näher an der Wurzel wahrgenommen hat, wahrgenommen hat, was es ursprünglich wohl an Risiko in sich trägt; weil man ihm dadurch mehr Radikalität entlockt hat und zur Offensive zurückkehrt, mit dem Schwung der Herausforderung, wobei man Wagnisse nicht länger fürchtet und von der wenigen verbleibenden Zeit keine Minute mehr verliert. Aus dem, was die Krankheit uns gelehrt (*appris*) hat, oder vielmehr aus dem, wovon sie uns herausgelöst (*dépris*) hat, keimt ein „gefährliches" Misstrauen gegenüber allem, worauf man bisher naiv vertraute; doch ebendieses Misstrauen ist fruchtbar angesichts der Gefahr, der man gegenübersteht. Kommt man aus dieser Segelfahrt ins Ungewisse – wo nun nichts mehr unbestritten und gesichert ist, da man sich nicht einmal mehr „seines" Körpers gewiss sein, da in jedem Augenblick alles in uns kentern kann – nicht womöglich „erneuert" zurück, *neu geboren*, nachdem man in dieser Konfrontation, in dieser geheimen und fortgesetzten Berührung mit der Grenze das Leben und die Welt von ihrer Mattheit reingewaschen hat? Kommt man nicht vielleicht mit einer „zweiten gefährlicheren Unschuld in der Freude" zurück? Solcherart nämlich ist die *inaugurierende* Natur des *Zweiten*, die uns die Luzidität offenbart.

Das Griechische kennt zwar den präzisen Ausdruck nicht, aber Platon hat doch über den Begriff nachgedacht, und zwar sogar in einem seiner theoretischsten Texte, der den Status von Sein und Erscheinung definiert, die Kommunikation zwischen den Gattungen sowie das Wesen der Dialektik – aber ist es nicht auch richtig, dass man bei Platon „alles findet"? Platon drückte in einem Satz aus, wie die Luzidität aus dieser akkumulierten und geklärten

Erfahrung hervorgeht, woraus sich dann die Möglichkeit eines zweiten Lebens ergibt:

Werden aber nicht die Meisten, o Theaitetos, von denen, welche dies einst hörten, wenn ihnen hinlängliche Zeit darüber vergangen ist, und sie bei reiferem Alter in der Nähe mit den Dingen zusammentreffen, so daß sie durch unmittelbare Erfahrungen gezwungen werden sich offenkundig in Berührung mit den Dingen zu setzen, alsdenn notwendig alle ihre damals entstandenen Vorstellungen umwandeln, so daß ihnen das Kleine groß und das Schwere leicht erscheint, und überall alle jene Trugbilder aus Worten zerstört werden, wenn die Tatsachen aus Handlungen herbeikommen. (Sophistes, 234 d–e)[1]

Tatsächlich erklärt Platon die beiden aneinander gebundenen Bedingungen der *Luzidität*: was die Zeit beiträgt, „indem sie sich mehrt", mit anderen Worten, was an „Lebensfortschritt" erforderlich ist; aber auch, dass sie einem, ist man also der Realität einmal „äußerst nahe gekommen", *tois te ousi prospiptontas eggythen,* τοῖσ τε οὖσι προσπίπτοντασ ἐγγύθεν, von den durchgemachten Prüfungen geradezu aufgenötigt wird. Er erklärt auch ihr spezifisches Wesen: Man „berührt" dann „mit voller Klarheit das Seiende" (*ephaptesthai,* ἐφάπτεσθαι: man legt die Finger „darauf"), dass heißt zugleich, dass man damit *ins* Licht gesetzt wird (*enargos,* ἐναργῶς: die Helligkeit ist allumfassend) und dass man in direkte „Berührung" mit den Dingen kommt – das eben ist die *Berührungs*wirkung, welche die *Erfahrung* konstituiert. Schließlich erklärt er auch die Konsequenz: das Umstürzen der „Meinungen", die sich im Geist in der ersten Lebensphase herausgebildet haben oder die vielmehr hingenommen wurden. Diese Vorstellungen, denen man ehemals anhing, waren eigentlich „Phantasmen", die auf Diskursen beruhten und die nun zunichte gemacht werden durch das, was sich in unserem Leben „ereignet" hat: bei allem, was man „außerdem noch" getan hat und was ihm Tag für Tag weiter hinzugefügt wird, was so sich in uns abgelagert hat, Handlung für Handlung (*en tais praxesin*) – anders gesagt, es ist von der *Kapitalbildung* der Erfahrung die Rede.

Daraus ergibt sich, dass eine solche Luzidität sich nicht lehren lässt – und lässt sie sich denn überhaupt vorantreiben? Nachdem diese Definition geäußert worden ist, reagiert der junge Theaitetos darauf, indem er zeigt, dass er sie wohl versteht – eben insofern er versteht, dass er sie nicht vollständig verstehen kann. Da er so jung ist, kann er nicht *wirklich* darüber urteilen: Obwohl er mit einer solchen Intelligenz begabt ist (ein so guter Geometer ist), „bleibt er doch von ihr ausgeschlossen", wie er einräumt, weil sein Leben noch nicht hinreichend fortgeschritten ist und er daher noch nicht die Erfahrung erworben hat, die allein ihm ein Bewusstsein dafür geben könnte. Es handelt sich hier um eine Sache, von der er momentan nur ein abstraktes, geistiges Verständnis haben kann. Daraufhin stellt sich im Dialog berechtigterweise die Frage, ob man das, was eigentlich keine Lehre, keine Unterweisung ist, sondern die Desillusionierung gegenüber dem Leben, ein wenig beschleunigen könnte: Ob man sie ein Stück weit vorantreiben kann – womit man allerdings einen Widerspruch riskiert, da dieser *Dekapierungs*prozess (der Meinungen) nur durch *Klärung* (der Erfahrung) zu erreichen ist – und somit dem Heranwachsenden die zu durchlebenden Prüfungen ersparen kann, damit er rascher zu dieser Luzidität gelangt. So wird zumindest der „Versuch" (*peirometha*, sagt Plato) von Seiten des Lehrers aussehen, der eine Rückkehr zur „Erfahrung" ersten Typs darstellt: eine zu versuchende Erfahrung, die das Herzstück der Pädagogik ausmacht, und zwar gerade indem sie die Pädagogik an ihre Grenze führt.

Vor allem wird augenscheinlich, dass es sich hier um einen „Umsturz" handelt, der den Schleier jener Illusionen in Stücke reißt, mit denen der Geist das Bewusstsein täuschte: den ideologischen Schleier, der getragen wird vom Diskurs jener Meinung, an der man zuvor festhielt, und der das Wirkliche maskierte; und nicht um einen Meinungsumschwung, wie er mit dem Alter auch eintreten kann, nämlich einen, der nur von der einen Meinung zu einer *anderen* führen würde, vielleicht gar zu einer gegensätzlichen Meinung. Tatsächlich arbeitet Platon diesen Unterschied deutlich heraus. So kommt es, wie er an anderer Stelle bemerkt (*Nomoi*, X, 888 b), häufig vor, dass man in seiner Jugend dem Atheismus zugeneigt war, und zwar als Reaktion gegenüber den frommen Geschichten, die einem in der Kindheit eingeschärft wurden, dass man jedoch mit dem Alter wieder religiös wird und zu den etablierten Glaubenssätzen zurückkehrt. Der Geist fügt sich also. Ich würde sagen, dass es sich hierbei um einen Effekt der *Altersweisheit* handelt, aufgrund des Verzichts auf die Kühnheit des erobernden und entmystifizierenden Denkens, und somit um eine beruhigende Rückkehr ins Bett der Orthodoxie. Nun muss die Luzidität gerade als Gegensatz zu einem solchen Glaubens- oder Meinungswechsel gesehen werden: Sie besteht nicht darin, eine Überzeugung gegen eine andere auszutauschen, wenn diese vorteilhafter ist; sie ist keine neuerliche Beipflichtung und keine Bekehrung. Gerade so wenig ist sie ein Überkippen vom naiven, arglosen Optimismus hin zum Pessimismus der Resignation. Sie hat ganz im Gegenteil diese Feudalherrschaft der Meinung – einer jeden Meinung – hinter sich gelassen, um endlich die „Wesen" selbst, wie Platon sagt, „zu berühren" und aus „nächster Nähe" (durch *Kontakt*) Zugang zum Wirklichen zu erhalten, das sich des Diskurses entkleidet hat, der es bedeckte.

Luzidität geht folglich aus *negativen Gewissheiten* hervor, allerdings nur soweit sie nicht zu einer Bekehrung führen: Wahrheit *des Abzugs* sozusagen, die nicht mehr zur Konstruktion geeignet ist und sich nicht hinzufügen lässt. Sie nimmt nicht von einer freiwilligen, stets ein wenig willkürlichen Geste des Geistes ihren Ausgang, sondern von dem, was allmählich Risse bekommen hat, was allmählich aus den Fugen geraten ist, bis es in Stücke zerfiel unter den Vorstößen einer Erfahrung, die nur ganz langsam ein Ganzes bildet, wodurch zuvor ihr Wirkungsvermögen verborgen blieb. Zu sagen, dass die Illusion durchschaut worden ist, bedeutet, dass sich eine Wahrheit aus dem herausgelöst hat, was sie im Diskurs verdeckte. Nicht nur bringt sie das Scheinbild der Gesellschaft und ihrer Konventionen zur Auflösung, sondern es wird dadurch auch unmerklich erwiesen, oder vielmehr endlich zugegeben, dass das Leben nicht so ist, wie man es uns beigebracht hat. In die Abweichungen, die so registriert werden und sich im Lauf der Zeit akkumulieren, hat man zunächst meist keine eigentliche Einsicht; doch (dann) reflektieren sie sich allmählich untereinander immer mehr, ausgehend von ihren Überschneidungen. Über dieses Wissen hat das Subjekt keine Kontrolle; es sammelt es nicht einmal, sondern sieht bestenfalls sich selbst dabei zu, wie es dieses Wissen anhäuft, bis es sich seiner schließlich mit mehr Entschlossenheit annimmt. Dieses Wissen erlangt seine Konsistenz nicht dadurch, dass es überzeugt, sondern dadurch, dass es sich bestätigt, mithin dadurch, dass es das Vorgetäuschte oder Angenommene verdrängt, wodurch es sich selbst aufdrängt. Und wäre das nicht zuerst einmal, dass man im Leben es auf ganz anderen Wegen „zu etwas bringt" als auf denen, die man uns gelehrt hat? Ich „bezweifle" nicht mehr (das Verb der Spekulation), sondern *misstraue* nun. Ich weiß jetzt, „woran ich mich zu halten habe": Intrigen und Ambitionen, Macht- und Interessensspiele, erfolgreiche Niederträchtigkeiten, triumphierendes Mittelmaß;

und auch, dass es meist ausreicht, so zu tun als ob, und mit Images und Gerüchten zu wirtschaften ... Da es sich um ein durch Kapitalisierung erworbenes Wissen handelt, muss dieses Wissen der Philosophie, deren Gültigkeit argumentativ ist und die augenblicklich über den Gedankengang entscheidet, entgehen. Der (Bewusstseins-)Roman hingegen wurde erfunden (in Frankreich: von Stendhal bis Proust), um von diesen verlorenen Illusionen zu erzählen, die das Subjekt zu jener Luzidität hinführen, welche die Schwelle zum zweiten Leben bildet, – oder die es vielmehr wider seinen Willen mit sich ziehen.

Über diesen *Widerwillen* gegen die Luzidität wäre zu meditieren. Denn nicht nur wird durch sie ans Licht gebracht, was dieses Entkleidete, die in ihrer Nacktheit unziemliche Wahrheit, unanständig macht. Die Luzidität ist nämlich nicht nur für die Gesellschaft unerträglich, deren Räderwerk sie anprangert, wodurch sie ihren geregelten Lauf bedroht und ebenso inakzeptabel ist wie zuweilen in persönlichen Beziehungen die Aufrichtigkeit. Doch wird die Luzidität nicht auch vom Leben selbst verweigert – in uns selbst verdrängt –, nämlich von dem in uns, was leben möchte und sich folglich über die Wahrheit täuschen *will*? Denn bei diesem Fortschreiten hin zur Luzidität enthüllt sich, dass die Wahrheit, nach der man in so legitimer Weise zu streben meint, vielleicht selbst widernatürlich ist (dieses so „gefährliche Vielleicht", von dem Nietzsche sprach), was dazu führt, dass man nichts mehr davon wissen will, und zwar während man zugleich noch behauptet, nach diesem Wissen zu streben. Und tatsächlich: Stößt sich unsere Bemühung um Luzidität nicht zunächst an diesem Unannehmbaren: daran, dass das, was sich unserem Begehren entgegenstellt – die Verneinung dieses Begehrens – zugleich auch für seine Möglichkeit notwendig ist? Dass das, wogegen unser Begehren ankämpft, worüber es siegen will, auch die Bedingung unseres Begehrens ist? Bis zu welchem Punkt ist man bereit einzusehen, dass das Leben ohne den Tod unerträglich wäre? Oder dass *thanatos* nicht so sehr das Andere des *eros* ist, sondern das, was ihn innerlich bewegt und anfacht – das, wovor in *Jenseits des Lustprinzips* sogar die freudsche Luzidität selbst ins Wanken geraten ist.

Es ist tatsächlich noch recht leicht zu sagen, so wie Freud es tut, dass es besser wäre, wenn es „eine Vorsehung" oder „eine moralische Ordnung der Welt und ein Leben im Jenseits" gäbe, dass wir aber unsere Luzidität bemühen und erkennen müssen, dass es sich dabei um *Wunscherfüllungen* handelt, wodurch die Religion zu einer „Illusion" wird (in *Zukunft einer Illusion*). *Aber* sollten wir nicht noch luzider sein, die Treppe noch weiter hinuntersteigen – anstelle des immerwährenden „Aufstiegs zur Wahrheit" – und unsererseits anerkennen, dass wir diese „Wünsche" selbst *vielleicht* gar nicht wünschen und dass wir uns selber täuschen wollen, indem wir uns weismachen (lassen), wir würden uns tatsächlich wünschen, dass sich diese Wünsche, sogar die grundlegendsten, „erfüllen"? Hängt Freud, anders gesagt, nicht immer noch einer Illusion an, wenn er solcherart diese rationalistischen Wünsche projiziert? Und wenn er glaubt – oder gibt er nicht vielmehr bloß vor, es zu glauben, um dem Misstrauen Einhalt zu gebieten? –, das Ziel des Menschen sei *die Menschenliebe und die Einschränkung des Leidens*? Fürchtet er sich nicht – er, der so furchtlos gedacht hat – vor dem, was er durch das Entfernen dieser allerletzten Verbundenheit (dieses allerletzten Verbandpflasters) an Schrecken zu Tage bringen würde? Das will nicht unbedingt besagen, dass er wieder zu einem Idealisten würde, indem er die religiöse Täuschung durchs Vertrauen in die Wissenschaft und die künftige Vorherrschaft des Intellekts ersetzte (der „Gott Logos"). Sondern eben, dass er aufs Denken verzichtet, indem er als unbestrittene Wahrheit akzeptiert, dass diese bessere Welt wirklich unser „Wunsch" sei. Denn wollen wir wirklich, dass die Dinge „gut laufen", ja sogar, dass sie nach unseren Wünschen laufen? Oder haben wir nicht eher deswegen das Bedürfnis, dies zu glauben, damit in lebenserhaltender Weise etwas zurückbleibt, woran man sich halten und worauf *ein Begehren* ruhen, ein Wollen ausgeübt werden kann? Das heißt also, wie weit erträgt man es, d. h. ohne das Leben selbst zu gefährden, ein „Wirkliches" zu enthüllen und es zu „berühren" (aptein, ἅπτειν)? Bis zu welchem Punkt wagt man es, den Schleier – die Verhüllung – zu zerreißen und die Sicherheiten zu Bruch gehen zu lassen? Dem Ödipus blieb nichts andres übrig, als sich selbst zu blenden (nicht einmal der Suizid), nachdem er entblößt hatte – offenkundig gemacht hatte –, was er war. Macht man auf diesem Weg zur Luzidität also nicht immer schon Halt, während man noch *unterwegs* ist?

Dass eine Wahrheit sich im Lauf des Wirklichen selbst offenbart, dass jedoch der Diskurs möglichst lang alles daran setzt, sie zu verbergen, wie man es im Fall des Ödipus sieht, und zwar weil man nichts von dieser zu gefährlichen Wahrheit wissen will, ihr nur unter dem Zwang der Notwendigkeit nachgibt, lässt sich auch anhand dessen – und sogar in exemplarischer Weise – verifizieren, was wohl *politische Luzidität* zu nennen sein wird, wobei dieser Begriff ganz streng zu nehmen ist. Ganz ähnlich wie bei der Verdrängung des analysierten Subjekts geht es auch mit der politischen Luzidität – sie ist das, was kollektiv auf den größten Widerstand stößt, und die Medien (zu unterscheiden von dem, was individuelle Journalisten sein können) verstehen sich gewöhnlich darauf, ihre Verschleierung zu organisieren. Die Medien bringen wohl auch Nachricht von dem, was tatsächlich zu konstatieren ist, verhüllen es aber oder lassen es mit vagem Einverständnis (man könnte wohl auch sagen Feigheit) in einem Strom anderer Nachrichten untergehen, die von Anfang an von ihr ablenken. Ebenso versteht man sich auch in der Politik darauf, nicht hören zu wollen, wovon man stillschweigend wohl weiß, dass es effektiv die Wahrheit ist. Man hat darüber gespottet, wenn es um Frankreich vor 1940 ging, angesichts des Aufstiegs des Hitlerismus. Doch könnte man nicht heute, sozusagen *modo minore*, dasselbe sagen (Ende 2016, nach vier Jahren der Präsidentschaft Hollandes in Frankreich)? Immer wenn eine unerfreuliche Wirtschaftsnachricht verkündet wird (in einem Land, das nicht mehr produzieren wird, kann es nur solche „Nachrichten" geben), wird sie augenblicklich in ein Gerüst eingefasst, womöglich gar ein dramatisches, und im Folgenden vom medialen Diskurs, der sie kommuniziert, eingehüllt und begraben, und zwar im selben Augenblick, da er sie kommuniziert, sodass jede Aufmerksamkeit für sie abgeleitet wird. Auch in der Politik bedeutet die *Luzidität* dieses Wissen, von dem man wohl weiß, aber doch nicht wissen will, während der Diskurs, der es äußert (und dabei um Einschaltquoten buhlt), sich gleichzeitig anheischig macht, es vergessen zu lassen.

Denn die Intelligenz mit ihrem guten Willen lässt es bei jenen Wahrheiten bewenden, die zwar womöglich äußerst schwer zu begreifen sind, die aber dennoch akzeptabel bleiben, das heißt, die keine Bedrohung darstellen, weniger für unsere Überzeugungen als vielmehr, grundlegender, für unsere *Gebundenheiten*, auf denen unsere Überzeugungen beruhen. Im Gedanken ist man bereit, alles Mögliche zu konstruieren, gemäß dem berühmten „Wahrheitsdrang", und das Rätselhafte herauszufordern, doch nur solange nicht die Gültigkeit – Zuverlässigkeit – dessen in Frage gestellt wird, was sowohl unserem Leben wie auch unserem Denken als Fundament dient. Allem, was hierauf vielleicht einen Verdacht werfen könnte, nähert man sich nur zögerlich und „notgedrungen", wie Platon sagte. Deswegen kann Luzidität nur durch das Aufbrechen und den schrittweisen Abbau des gesamten diskursiven und ideologischen Apparats hergestellt werden, der sowohl das Leben als auch seine „Wahrheit" *zusammenhält.* Denn man „will" wohl nicht die Wahrheit, sondern eine bestimmte Wahrheit, wie es schon Nietzsche erkannt hat. *Luzidität* hingegen ist der Name für die Wahrheit, die wir nicht wollen, sondern die sich uns wider Willen aufdrängt, nicht durch äußerliche Verkündung und donnernde Offenbarung, sondern bescheiden aus dem Inneren des vergangenen und allmählich reflektierten Lebens und der geklärten Erfahrung heraus, aus dem heraus, was sich diskret dabei destilliert, wobei es, das ist wohl wahr, die Bequemlichkeit des Lebens und des Denkens vergiftet – man kann nun entweder versuchen, sich selbst diese Wahrheit zu verhehlen; oder aber man entschließt sich, ihr gegenüberzutreten. Indem wir ihr gegenübertreten und sogar Nutzen aus ihr ziehen, eröffnet sich ein zweites Leben. „Loslösung" werde ich die Fähigkeit nennen, sich aus diesen Gebundenheiten zurückzuziehen, ohne von neuem zu konstruieren, ohne abermals einen Diskurs überzulagern und ohne sich zu bekehren.

VII. Loslösung, Freilegung

Wie lässt sich der Illusionsverlust, aus dem ein zweites Leben hervorgehen kann, umwenden, sodass daraus etwas Positives wird? Das heißt, wie kann man diese negative Erfahrung zu einer Idealbedingung verkehren und aus diesem Rückzug einen *Zugang* machen? Dieses Dekapieren ist auch ein „Loslösen" (*dégagement* – auch „Freilegen", „Freisetzen"[1]); oder sagen wir, das zweite Leben ist das *freigelegte* Leben: Wie die Luzidität aus der Erfahrung hervorgeht, so geht diese Freilegung aus der Luzidität hervor. Denn freilegen bedeutet nicht nur befreien von dem, was stört, hindert, hemmt und in Verlegenheit bringt, und so einen Freiraum wiederfinden, der dem Subjekt seine Initiative zurückerstattet – das geht bis hin zum populären und politischen *„dégage!"* („Schleich dich!"), das frontal und mit der Drohkraft des Imperativs ohne Umschweife den Rücktritt des Unterdrückers und die Wiederherstellung einer Freiheit einfordert (vor kurzem z. B. im „Arabischen Frühling"). Freilegen besagt nicht nur, dass das Hindernis aus dem Weg geräumt ist, das die Straße blockierte, der Schirm, der die Sicht versperrte: der den Horizont begrenzte und uns die Tiefe und Weite einer Landschaft vorenthielt – der Himmel legt sich frei; oder eine freigelegte Sicht genießen. Vielmehr bedeutet herauslösen auch, aus dem Angehäuften, Verschütteten und Eingezwängten zu extrahieren; es erlaubt auch zu betonen und hervorzuheben, was sich undeutlich darunter gemischt fand und nicht hervortrat, wobei ihm dies eine Dimension verleiht, die man nicht erahnt hatte. Und zwar im buchstäblichen wie im übertragenen Sinne: Die Hoftracht „legte ihre Brust und Schultern frei" (der Mademoiselle de Breil); oder man spricht davon, Ideen freizusetzen. Die *Freisetzung* erfindet nicht, noch erfordert sie etwas anderes, erwartet nichts Äußeres, sondern entfaltet die unterdrückte Ressource, indem sie entfernt, was diese einschloss, sodass nun nichts mehr sie einschränkt. In der Folge erlangt man eine gewisse Ungezwungenheit und kommt in die Gänge, macht man sich eine Leichtigkeit zu eigen, die es ermöglicht, sich flink und folglich souverän den Menschen ebenso wie den Dingen gegenüber zu bewegen. Als sie „ihm dies in einem stolzen und gelösten Ton sagte, war der Vater Barbeau davon beunruhigt". „Gelöst" (*dégagé*) als ethischer Ausdruck besagt das Gegenteil von „befangen" (der Kontrastbegriff bei Stendhal): Ohne übertriebenen Nachdruck (ohne Theorie oder Dogma) drückt er für sich allein die Bestimmung der Ex-istenz aus.

Loslösung drückt deswegen die Bestimmung der Ex-istenz aus, weil sie besagt, dass man, indem man sich „draußen hält" (der eigentliche Wortsinn von *ex-istieren* bzw. *ex-sistere*) – draußen, d. h. außerhalb dessen, was einen in der Beengtheit der Zwecke, in der Beschäftigung mit den Dingen und folglich in der Gefangenschaft einer Welt einschließt und festhält –, Zugriff auf die Fähigkeit des Lebens zum Heraustreten und Gedeihen erlangt – einem *Gedeihen*, das der Plattheit und Stagnation des „Gleichmäßigen" gegenübersteht: eine Fähigkeit, die gerade das *zweite Leben* zur Entfaltung bringt. Und zwar einfach, indem es jene Ressourcen sich zunutze macht, die dem Leben implizit sind, die man jedoch bisher, da sie nicht sortiert und geklärt waren, auch nicht entfaltet hatte. Ohne dass also eine Abtrennung von der Welt herbeigeführt werden, ohne dass man die „Wirklichkeit" zweiteilen oder ein anderes Leben (das das „wahre Leben" wäre) annehmen – projizieren – müsste. Das zweite Leben ist durchaus jenes Leben, das sich von einem ersten Leben, das sich eingedeicht oder – schlimmer noch – festgefahren hat, emanzipiert hat. Insofern ist die Loslösung durchaus die Folge der Luzidität. So wie diese wird sie schrittweise erlangt, geht aus einem Ablauf hervor, beginnt mit Übergängen und kleinen Verschiebungen, die sich zunächst ohne unser Wissen vollziehen, wird nicht angezielt sondern gewagt, nicht gewählt, sondern angenommen, ist folglich resultativ. Doch während die Luzidität ein Anspruch des Geistes, oder vielmehr des Bewusstseins, gegenüber demjenigen ist, was den Geist trüben könnte, weitet die Loslösung diesen Anspruch auf das Verhalten aus, entfaltet ihn im Auftreten und im Ton, im Stil und der Ausdrucksweise, in ihrem Stand und ihrer Haltung, schreibt ihn in umfassender Weise dem *ethos* und der Lebensweise ein. Daher kommt es, dass eine solche Loslösung nicht zum Konzept geworden ist, dass ihr Begriff unterentwickelt blieb und die Philosophie, welche die Vorstellung durchaus gewahrte (Platons Kritik einer „Mikrologie", *smikrologia*, σμικρολογία), sie dennoch nicht weiter elaboriert hat. Wenn nämlich das „zweite Leben" als ein Leben definiert wird, das, ausgehend von der erlangten Luzidität, ein losgelöstes Leben ist, macht das eine Erschütterung der Gesamtheit unserer Kategorien erforderlich. Schon allein deshalb, weil eine solche *Loslösung* selbst eine Vorstellung ist, die weder eigentlich moralisch noch auch rein intellektuell ist: die weder zum Guten noch zum Wahren gehört, den beiden Säulen unseres Denkens.

Tatsächlich, man muss erfassen, was in diesem *dé-* des Wortes *dé-gagement* an Allgemeinheit oder besser gesagt an „Tragweite" enthalten ist, die sich nicht auf ein bestimmtes Gebiet oder einen bestimmten Gegenstand beschränken lässt: Eine solche „Loslösung" ist aus Prinzip für keine *Zuweisung*, Verortung und Zuschreibung empfänglich, die sie im Feld des Theoretischen oder auch des Praktischen spezifizieren würde, die sie zum Zweck von „Erkenntnis" oder „Handlung" zerlegen würde, gemäß der großen atavistischen Scheidung der Philosophie. In gleicher Weise muss man begreifen, was sie an Prozesshaftem impliziert: dass dieser Rückzug kein Bruch ist, dass er nicht eine Welt einer anderen Welt gegenüberstellt – die Loslösung konstruiert keine Antinomie und verweigert sich so dem großen Spiel der Metaphysik. Auch gibt sie nicht der Bequemlichkeit des Einschnitts nach. Die Loslösung ist nicht einmal Verlassen; sie drückt keine Entsagung oder Preisgabe aus – es handelt sich nicht etwa um ein „Des-engagement". Sie besagt lediglich, dass sich dabei die Bindung löst, die festhält und nötigt, dass eine Kapazität freigesetzt wird, und zwar nur durch Desadhärenz und Verdünnung des Kompakten und Undurchsichtigen. Sie beschwört keine „zweite Sicht", sondern emanzipiert sich von der Kurzsichtigkeit. Man gibt dabei die Dinge nicht abrupt auf – sie ist kein Asketismus; man verzichtet dabei auf jedes dramatische und theatralische Abreißen von der Welt und ihren Beschäftigungen, untersteht jedoch nicht länger ihrer Rigidität und ihrem Zugriff. Die Loslösung ist daher nicht der Weg aus der Höhle: Weder war vorher unser Rücken zum Licht gewandt, sodass wir nur Schatten wahrnahmen, noch erwartet uns am Ausgang der Aufstieg auf einem „rauen", „felsigen" und steilen Weg hin zur Wahrheit.

Weil sie nicht dem großen Schema des Eintritts in die Philosophie entspricht, dem allegorischen Konflikt von Licht und Finsternis, haben wir die Loslösung nicht gedacht. Es wird also erforderlich sein, ihren Platz durch eine Reihe von Scheidungen zuzuschneiden, indem man sie, Facette für Facette, von dem separiert, was sie nicht ist.

Denn (1) extrahiert die Loslösung aus der kompakten Undurchsichtigkeit (der undurchsichtigen Kompaktheit), ist aber *keine Abstraktion*: Sie setzt nicht voraus, das Sinnliche vom Intelligiblen zu trennen, errichtet keine zweite Ebene der Essenzen oder Allgemeinheiten, zu der man Zugang erlangen müsste. Folglich ist (2) die Loslösung *keine Flucht und keine Bekehrung*: Sie ruft nicht, gemäß der großen Geste der Metaphysik, dazu auf, nach einem großen Anderswo zu „fliehen", nach einem göttlichen oder idealen Dort-drüben; sie wendet sich nicht einer anderen Realität anderer Ordnung zu, an die man sich halten müsste. Denn die Loslösung ist (3) an sich *ohne Richtung oder Bestimmungsort*: Sie impliziert eine Distanz, die dem Gedeihen freies Feld eröffnet, weist ihm aber kein „nach" zu, kein „zu", keinen Zweck und kein Ziel seiner Entfaltung. Um die Wahrheit zu sagen, die Loslösung ist nicht einmal eine „Erhebung" – ein großes Wort des Spiritualismus –, sondern vielmehr eine Ausdehnung; sie hat ihre Gültigkeit in der Breite ebenso wie in der Höhe, ihre Achse liegt nicht im Vertikalen, das gewöhnlich die Werteskala beherrscht (das platonische oder christliche „Oben", ano, ἄνω, der „Himmel" der Ideen oder des Göttlichen). Sie begnügt sich damit, das Heraustreten aus einer Beengung und Abschottung auszudrücken, das durch Erweiterung der Perspektiven eine Weite hervorbringt, und zwar nicht nur im Sehen, sondern auch im Leben. Die Eigenschaft der Loslösung ist es also, dass sie nicht Zutritt zu etwas anderem als sich selbst gewährt (einem Heil, einer Wahrheit) und nicht in etwas mündet, was über sie hinausginge, dass sie nicht einmal etwas auf den Weg bringt, dass sie keinen Zweck hat, der sie durchdringen und transzendieren würde. Doch indem sie jeden Zweck auflöst, ist sie *für sich* Zugang. Das macht sie wohl zum antimetaphysischen Terminus schlechthin.

Insofern die Loslösung keinen Bruch der Ebenen impliziert, keinen dualistischen „Schnitt" (das platonische *temnein*, τέμνειν) annimmt zwischen dem Sichtbaren und dem Intelligiblen, sich also ganz prinzipiell der Metaphysik entzieht, insofern sie nicht Angelegenheit der Wahrheit ist, sondern sich in Erscheinung und Haltung diffundiert, in die Lebens- und Verhaltensweise ausstrahlt, ist die Loslösung umgekehrt eine Kategorie, die ein Denken wie das chinesische unaufhörlich bedacht hat. Die „Subtilität" der Klärung, von der sie herrührt, die sich zerstreut und ohne Unterlass passieren lässt – ebendiese Subtilität verstand die chinesische Sprache zu benennen: Insbesondere das Thema des *Windes*, der unsichtbar durchzieht, dabei jedoch die Vegetation sichtbar beugt, gehört zu ihren ältesten Motiven und geht in zahlreiche semantische Zusammensetzungen ein, wo von der „Atmosphäre" (*air*) die Rede ist, die das Gesicht und die Haltung verströmen. Der „Rückzug", der allerdings keine Abspaltung von der Welt ist, hat immerzu den Gelehrten gelockt, der einen Freiraum vom Politischen suchte. Und wenn sie auch nicht zu einer Wahrheit bekehrt, so öffnet diese Loslösung doch die Tür zu einer Disponibilität, von wo aus sich die Berufung zum Maler und zum Dichter entfaltet. Ihre Kategorie ist in unauflöslicher Weise so sehr ästhetisch wie ethisch, sie ist Leben und Kunst zugleich.

Das ist bereits in einem Passus des Konfuzius nachzulesen (*Analekte*, XI, 25): Als dieser seine Schüler eines Tags auffordert, für einen Augenblick zu vergessen, dass er ihr Ältester ist, und ohne Umschweife zu sagen, was sie tun möchten, würde die Welt sie anerkennen, lässt ein jeder seinem Ehrgeiz die Zügel schießen: Der erste traut sich zu, innerhalb von drei Jahren ein Land, das auf seinen Niedergang zusteuert, auf den rechten Weg zurückzuführen; der zweite, dort wenigstens wieder den Wohlstand herzustellen; der dritte traut sich zu, *zumindest* imstande zu sein, an den fürstlichen und diplomatischen Zeremonien teilzunehmen. Diese Antworten folgen einem *decrescendo*, da der Meister begonnen hat zu lächeln und hartnäckig schweigt. Als er sich nun dem vierten zuwendet, stellt dieser, der die ganze Zeit über gedämpft auf der Zither gespielt hatte, sein Instrument ab, das einen letzten Ton erklingen lässt – war das nicht schon seine Antwort? Dann spricht er, vom Meister ermutigt, davon, wie er gegen Frühlingsende im leichten Rock, mit einigen Kameraden und in Begleitung von ein paar jungen Burschen, zum Baden in den Fluss gehen, die frische Brise schnuppern und singend nach Hause zurückkehren möchte ... Ohne nun einen gewichtigen Kommentar hinzuzufügen, da man niemanden davon überzeugen kann, sich freizumachen, und weil auch ein moralisches Urteil hier fehl am Platz wäre, sagt Konfuzius nur, diskret seine Zustimmung zum Ausdruck bringend, mit einem Seufzen: „Da bin ich bei dir".

Diese Loslösung kann, wie bei Konfuzius, für die Zeitspanne einer Aufheiterung im Leben andauern, einer Pause oder eines vertraulichen Gesprächs. Oder aber sie kann im Mittelpunkt einer Unterweisung stehen, die dann aber gerade nicht lehrt, einer Rede, die nicht mehr beredt ist und nicht mehr verbindlich (言无言), so wie es bei *Zhuangzi* der Fall ist, der unermüdlich in die Richtung eines solchen *absichtslosen Freimachens* weist. Wie sollte man denn auf diese Loslösung hindeuten, wenn nicht, indem man aus der Abgeschlossenheit der Sprache heraustritt und ihre Ausweitung bis an die Grenze treibt? Das Buch *Zhuangzi* tut dies schon mit den ersten Zeilen, den ersten Worten, dem ersten Titel: „Ziellos und gelassen Schweifen" (noch mehr als in diesem Signifikat ist eine solche Freilegung im Signifikanten zu hören, der das Phonem wiegen und wogen lässt: *xiao yao you*, 逍遥游). Während doch der Gedanke von einer anderen Welt (einem anderen Leben) eine symbolische Sprache erfordern würde, wobei das Konkrete mit dem Geistigen artikuliert wird, um es zu repräsentieren, wird es genügen, Übermaß und Unverhältnismäßigkeit ins Spiel zu bringen, die die Welt *zum Überborden bringen*, um die Welt (das Leben) aus ihrer Beengtheit herauszuholen. Schon auf der ersten Seite setzt das Buch *Zhuangzi* mit dem Aufschwung dessen ein, was sich in der Weite genauso wie in der Höhe entfaltet, sodass von Beginn an eine Perspektive auf endlose Horizonte eröffnet wird. Seine Einführungsfigur ist nicht etwa ein Wesen, das sich in der Welt einfassen lässt und in seiner Identität bestimmbar wäre, oder aber ein Wesen, das zu einer anderen Welt gehörte, als Beschwörung eines Ideals oder des Paradieses – vielmehr fordert sie eine Verlagerung und Entfaltung des Blickpunktes ein: ein Fisch, dessen Rücken „man weiß nicht wie viel tausend *li* misst", verwandelt sich darin in einen Vogel, dessen Schwingen „wie Wolken herabhängen". Dank der starken Strömung, die ihn trägt, kann er bis zu den nebelhaften Grenzregionen vordringen. Was wird nun aber aus solch einer Entfernung sichtbar? – Welche Szenerie ist mit diesem Abstand noch zu erkennen? „[Sind das] galoppierende Pferde, [ist das] wirbelnder Staub oder [ist es] der Atem der Lebewesen, die einander anhauchen?" Wenn man sich so viel Platz herausgenommen hat, zu solcher Unermesslichkeit Zugang gefunden hat, muss man sich dann noch zwischen diesen Bestimmungen entscheiden? Muss man sich noch an das Bodenständige der Spezifikationen halten? Ist es in diesem Strudel, dieser Entladung des Elementaren noch erforderlich zu unterscheiden? Denn was wäre die „passende" Farbe für diesen „azurnen Himmel"?

Von Anfang an lässt der erlangte Weitblick nicht etwa *andere Dinge* sichtbar werden, sondern dieselben Dinge *in anderer Weise*; oder eher lässt er sie nicht länger in ihrer

Berufung als „Dinge" auftreten. Zu solch einer Loslösung gelangt zu sein, befreit jene aus der Bestimmung, die sie abschließt, festmacht und spezifiziert. Alles hängt also davon ab, was zu dieser Weite hinführt und eine solche Ablösung ermöglicht, die kein Hindernis und keine Beschränkung mehr kennt. Man gieße Wasser aus einem Becher in eine Mulde: „Ein Strohhalm wird darauf schwimmen"; doch „wenn man den Becher hineinstellt, bleibt er haften". Nun bleibt jenen, die sich nah am Boden und bei den Dingen halten, wie die Zikade und der Star in der Fabel, der sich damit begnügt, von einem Baum zum anderen zu flattern, diese Möglichkeit verschlossen: Sie setzen sich mal hier und mal dort hin, entsprechend dem wenigen Schwung, der sie trägt, aber sie *heben nicht ab* und *bleiben verhaftet*, stecken in ihrer Kurzsichtigkeit fest. Sie haben also nicht einmal eine Ahnung, vor welcher anderen Perspektive sie sich verschließen, welche endlosen Horizonte ihnen vorenthalten bleiben; und weil sich diese Unvereinbarkeit der Größenskala ihrer Kenntnis entzieht, haben sie für den Aufschwung in die Wolken – wie andere für Baudelaires Albatros (diesen „gewaltigen Vogel der Meere", *vaste oiseau des mers*) – nur Spott übrig. Auch den nämlich hindern am Boden, auf den er gefallen ist, „seine riesigen Schwingen beim Gehen". „Glücklich, wer mit kräftigem Flügel / sich in lichte und heitere Gefilde aufschwingt", sagt auch bei uns der Dichter. Im Denken des *Zhuangzi* jedoch führt der Unterschied der Größenskala nicht zu einer metaphysischen Trennung zwischen zwei Arten von Wirklichkeit: Die „kristallklaren Räume", in denen er sich umtreibt, sind keine „höheren Sphären"; es gibt kein „jenseits der Grenzen", das dem „Geist" gehörte, der sich darin mit „Geschicklichkeit" bewegt. Mit anderen Worten, der „Aufschwung" des Fliegens ist nicht das „Exil" („im Exil auf dem Boden ...", heißt es von dem von seiner Welt verfemten Dichter, dem *poète maudit*, ebenso wie vom Albatros). Die Loslösung ist also auch keine „Erhebung".

Der *Loslösung* als solcher wohnt keine Nostalgie für eine andere Welt inne. Sie bekehrt nicht zu einer anderen Wirklichkeit: Die Distanz, die sie zur Welt einnimmt, eröffnet einen Abstand, der kein Überschreiten ist; sie ruft nicht zu einer Flucht (*évasion*) auf, sondern zur *Erweiterung* (*évasement*) dieser Welt. Es reicht aus, sich von der Berufung der Dinge freizumachen, das heißt von ihrem vorbestimmten Gebrauch, der sie verschließt und einschränkt. Kürbisse von solchem Umfang – hält Zhuangzi den Spitzfindigkeiten eines Sophisten entgegen (*ibid.*, Kapitel 1) –, dass sie sich nicht als Gefäße eignen, da ihre Wände dafür nicht ausreichend stark sind, und die sich auch nicht in Streifen zuschneiden lassen, um Schalen aus ihnen zu machen, weil diese zu flach wären, um etwas darin aufzubewahren – bleibt etwas anderes übrig, als sie wegzuwerfen, wo sie doch keinen ersichtlichen Nutzen mehr haben? Oder könnte man sie nicht womöglich als Gondeln oder Bojen verwenden, um, von ihnen getragen, frei auf Flüssen und Seen dahinzutreiben? – Oder auch jener Baum, dessen Stamm zu verwachsen ist, um sich Tinte und Richtschnur zu fügen, dessen Äste zu krumm sind, um dem Winkelmaß und dem Zirkel zu folgen; den der Zimmermann nicht einmal eines Blickes würdigt – warum sollte man nicht, statt über seinen Nicht-Nutzen zu klagen, ihn in das „Land, wo nichts ist", verpflanzen, in die „Ebene von unendlicher Weite"? Warum nicht „müßig in seinem Schatten" spazieren, gelassen schweifend (*xiao yao you*), oder sich „ihm zu Fuße betten"? Gibt es da nicht eine *breite Nutzung* des „Nicht-Nutzens", die, indem sie über die Eindeutigkeit, auf die wir die „Dinge" beschränken, hinausgeht und ihrer Entfaltung wieder ein Feld eröffnet, die Ressourcen der Dinge großzügiger entwickelt?

Welche Erkenntnis ist es eigentlich, zu der die Loslösung Zugang gewährt? Oder was ist eine *gelöste Erkenntnis*, die doch das zweite Leben charakterisieren soll? Sie
wird nicht durch ihren Gegenstand und ihre Methode
zu definieren sein, sondern durch ihre Auffassungswei-
se und ihre Geisteshaltung. Sie ist *weitläufig*, fährt *Zhuangzi* fort (Kapitel 2), geräumig und deshalb entspannt
(大知閑閑); sie ist nicht „beschränkt" und „kleinlich",
nicht engstirnig und mit Unterscheidungen überladen (小
知閒閒). Auch begeistert diese gelöste Erkenntnis durch
ihre Worte augenblicklich, während die andere, pedanti-
sche weitschweifig und schwatzhaft ist. In dieser letztge-
nannten, eingeschränkten Erkenntnisweise, und folglich
auch Lebensweise, bleiben die Menschen, im Schlaf wie
im Wachen, in einer andauernden Vermischung mit dem
Außen, die sie unablässig in einem Kampf hält: auch „trä-
ge", „versteckt" oder „heimlich" befinden sie sich in einem
ständigen „Angstzustand", um nicht zu sagen in „Seelen-
qualen". Denn im Stadium dieser engstirnigen Erkenntnis
löst man unaufhörlich Urteile pro oder contra aus, „wie die
Feder einer Armbrust"; dann hängt man an seinem „Sieg"
wie Verschwörer an ihrem „Eid": Diese *hinschleudernde* Erkenntnis (so wie man einen Pfeil hinschleudert), die ihre
Schüsse reaktiv abgibt, steht im Gegensatz zur gelösten
Erkenntnis, die sich nicht ums Kontern kümmert. Nun
wird aber gerade jene vom philosophischen Wortstreit
illustriert, führt der Kommentator aus, wo jede Schule
(Mohisten/Konfuzianer) unermüdlich beteuert, was die
andere bestreitet, und leugnet, was die andere bejaht. Ein
jeder gräbt sich darin ein und fährt sich fest, „schließt sich
ab" und versenkt seine Energien bis hin zur Erschöpfung:
Der Geist steht dann an den Pforten des Todes, und durch
nichts kann er mehr sein Licht zurückerlangen. Denn es ist
wahr, dass die verschiedensten Affekte und Einstellungen

sich in uns, die wir in dieser Enge eingepfercht sind, unaufhörlich ebenso natürlich ablösen, wie „Musik aus einem hohlen Rohr dringt" oder „die feuchten Nebel Schimmel und Pilze keimen lassen" ... Und wir bleiben verständnislos gegenüber der großen Erneuerung der Welt, die sich unerschöpflich vor unseren Augen vollzieht.

Wie vollzieht sich nun also jener existenzielle Lastabwurf, der schließlich in der Loslösung mündet, wobei diese an sich die letzte Stufe darstellen sollte, da sie zu nichts anderem mehr zu führen braucht? Eine Greisin zeichnet, als man sich erstaunt darüber gibt, dass sie sich den Teint eines kleinen Kindes bewahrt hat, die Wegmarken dieses „Beharrens" – eine nach der anderen – nach (守, *ebd.*, Kapitel 6): Nach drei Tagen war ich imstande, die weite Welt hinter mir zu lassen (wörtlich: sie als „äußerlich" zu behandeln); dann, nach sieben Tagen, die Dinge in meiner Nähe, die man für notwendig erachtet; dann, nach neun Tagen, die Sorge um mein Leben: Hat man das Leben selbst als „äußerlich" behandelt, kann man die „Transparenz des Morgens" (朝彻) erreichen, weil nichts mehr einen abschirmt oder beschwert. Auf was aber öffnet sich diese Transparenz nun, wenn nicht auf ein anderes Wissen? „Das Eine sehen" (見獨), heißt es lakonisch, jedoch nicht metaphysisch: Wenn der Geist erst einmal dekapiert ist, wenn alles entfernt wurde, was das Leben bedeckt und gehemmt hat, und zwar zuvorderst das Leben selbst, das heißt die Sorge um sein Leben, erscheint der allem vorausgehende gemeinsame Grund (*fond(s) commun*), aus dem sich die Gegensätze durch Spaltung herauslösen (und zwar allen voran die Gegensätze „Vergangenheit/Gegenwart", „Leben/Tod") und von wo aus der Geist – disponibel geworden, weil er nicht mehr auf der einen oder der anderen Seite feststeckt – ebenso gut das eine begleiten kann wie das andere, das Gehen so gut wie das Kommen, die „Schrumpfung" ebenso wie den „Aufstieg" der Dinge.

Nicht in einem konsistenten Jenseits also, das als das Dasein oder als Gott bestimmt und als Wahrheit abgeliefert wird, ja nicht einmal bloß in einem dritten, transzendierenden und versöhnlichen Term wäre eine Vollendung zu suchen. Der Zugang, der für sich genommen nichts andres ist als eine *Lebensfähigkeit*, die allein dadurch sich erneuert, dass sie nicht länger gehemmt wird (solcher Art ist der „Weg", *tao*), besteht eigentlich vielmehr in der Reduktion (Neutralisierung) dessen, was die Gegensätze setzten, und im Wahrnehmen ihrer Umkehrung. Wer nämlich „das Leben tötet" (sich von der Sorge ums Lebens frei macht), der „stirbt nicht"; und wer „lebt-lebt" (sich unaufhörlich um sein Leben sorgt, siehe *Zhuangzi*), der „lebt nicht". „Nicht sterben" hat also nichts mehr mit irgendeiner Form von Unsterblichkeit als Glaubensinhalt zu tun, sondern damit, dass man die Anhänglichkeit (Unterwerfung) gegenüber dem Leben in sich getötet und somit im Geiste ein solches Maß an Distanz und Befreiung – Loslösung – erlangt hat, dass selbst die Opposition, die man für die primäre halten würde (Leben/Tod), noch nicht „gesetzt" (mit allem, was eine solche *Setzung* an Willkürlichem enthält) und ihre vereinfachende Trennung noch nicht ins Spiel gebracht worden ist.

Es würde also zwei Arten von Leben geben: das festgefahrene Leben, das innerhalb seiner Welt (方之內) „eingeschlossen" und deshalb in deren Undurchsichtigkeit verstrickt ist, und auf der anderen Seite das gelöste Leben, das sich „außer der Welt" (方之外) hält, ohne dass jedoch dieses *Außer-der-Welt* sich zu einer *anderen Welt* konstituierte: Dieses „Jenseits" verlangt kein Beipflichten zu irgendetwas anderem, integriert nicht, bekehrt nicht. Allerhöchstens lässt sich von diesem zweiten Leben, wenn man es von außen darstellt (vom Standpunkt des „Konfuzius" im *Zhuangzi*), sagen, dass man sich darin nunmehr „auf Augenhöhe mit dem Schöpfer der Wesen" bewegt, auf der Ebene des einen (ursprünglichen) Atems, demjenigen des Himmels und der Erde in ihrer Unermesslichkeit. Wie aber soll man es für sich selbst evozieren, intern, nicht mehr in dieser kosmologischen Hülle? Der „Taoismus" hat daraus sein Markenzeichen gemacht, das natürlich paradox sein muss, ihm aber in logischer Weise als privilegierter rhetorischer Ausdruck dient. Man kann dieses gelöste Leben nicht innerhalb der Sprache, die ja *abgrenzt* und *bestimmt*, beschwören, ohne gleich wieder das aus ihr zu entfernen, was abgrenzt und bestimmt: ohne aus dem Positiven, das man sagt, gleich wieder auszuscheiden, was seine Positivität ausmacht; ohne von dem, was man gerade vorgebracht hat, gleich wieder die Auswirkungen zurückzunehmen. Das heißt, dass man, während man noch spricht und ausspricht, systematisch aus der Rede entfernt, was eine solche Rede in ihrer Äußerung zugleich an Einsäumendem, Begrenzendem und Beschränkendem hat. So also „spricht man ohne zu sprechen" (言无言): Man gibt sich nicht der Stille des Unaussprechlichen anheim oder beschränkt sich nicht auf sie (der klassische, apophatische Verweis auf das, was für die Transzendenz einer anderen Welt gilt), sondern man zieht noch während des Sprechens unmittelbar wieder zurück, was dieses Sagen an „Gesagtem" enthält, was jeder Aussage an „Setzendem" und Durchsetzendem innewohnt. Von diesem gelösten Leben heißt es auch, dass man „sich beschäftige ohne geschäftig zu sein" (事无事): Man befasst sich mit etwas, ohne sich aber in der Geschäftigkeit seiner Beschäftigungen fangen zu lassen; anders gesagt, man „ergeht sich in ungeschäftiger Beschäftigung" (逍遥乎无为之业). Gleiches gilt für die Beziehung zum Nächsten: Man geht eine Verbindung zu ihm ein, ohne sich jedoch binden zu lassen (能相与于无相与), das heißt, indem man sich vor der Abhängigkeit in Hut nimmt, welche die Beziehung von selbst herstellen würde. Des Weiteren versteht man es in diesem gelösten Leben

„zu schmecken ohne zu schmecken" (味无味). Das heißt, dass man wohl den Geschmack der Welt empfinden kann (man hat das Sinnliche dieser Welt nicht aufgegeben), dabei aber den Geschmack von dem befreit, was er an Exklusivem und Haftendem hat: indem man sich die „Fadheit" zu Eigen macht, die sich nicht zwischen konkurrierenden Geschmäckern aufspalten lässt und sich folglich zum unbegrenzten Auskosten eignet.

In den Augen der Welt werden jene, die Zugang zu diesem losgelösten Leben erlangen, indem sie sich vom gewöhnlichen Leben entfernen und in der Welt zurückziehen, ohne sich jedoch einer anderen Welt zu verpflichten, unweigerlich als „Exzentriker" erscheinen (*ji ren*, 畸人, im *Zhuangzi*). Im ritualistischen China verweigern sie sich den vorgeschriebenen Verhaltensweisen oder demonstrieren gar die entgegengesetzte Haltung: Statt dass sie die Trauerzeremonien einhielten, sieht man sie singen und mit lässig gespreizten Beinen die Schellen schlagen! In der Klassifizierung der Charaktere und Lebensweisen bilden sie eine eigene, zugleich bewunderte und verdächtige Rubrik: und zwar die Kategorie derer, von außen betrachtet, die ihren Neigungen folgen und ihrer Inspiration freien Lauf lassen (*ren dan*, 任诞), die abseits leben, sich nur „niedergelassen", nicht eingerichtet haben (*qi yi*, 栖逸, im *Shishuo xinyu*, Kap. 18 und 23). Im dritten Jahrhundert, nach dem Zusammenbruch der zentralistischen Macht der Han, in einem von neuem geteilten China, als der Imperativ, Karriere zu machen, seine Zwingkraft verliert, werden solche „Weisen" oder Bohemiens des „Bambushains" gefeiert, die, ebenso in den taoistischen Schriften schwelgend wie dem Trunke ergeben, versuchen, in Abgeschiedenheit von der Macht zu leben und ein *gelöstes Leben* zum Ziel ihres Strebens machen: Das Urteil der Welt kümmert sie nicht, ihre Rede ist frei, sie sind Dichter. Tatsächlich, wenn sie nicht zulassen, dass ihr Leben in der Welt sich festfährt, verleiht das ihrem Denken einen auf das Unendliche sich öffnenden Aufschwung, der nur in der Dichtung ausdrückbar ist. Oder vielleicht schon, noch einfacher – noch elementarer –, wenn sie nach Lust und Laune flöten oder pfeifen (xiao, 嘯)?

Denn das Pfeifen ist *schon* eine Loslösung – doch wer käme auf die Idee, darüber nachzudenken oder auch nur sein Interesse darauf zu richten, was das Flöten oder „Pfeifen" bedeutet? Ist es denn nicht tatsächlich zu unbedeutend, um darüber zu meditieren? Nun lässt *pfeifen* das Gefühl frei sich ergießen, ohne es gleich zu abstrahieren, es spricht von einer inneren Befreiung, ohne sie explizit machen zu müssen, ist eine kontinuierliche Modulation oder Variation, die nicht artikuliert werden muss. Ein Pfeifen (Flöten) hat keinen Sinn, außer dass es in indizieller (nicht symbolischer) Weise ausdrückt, dass man sich einen Freiraum genommen hat, nicht mehr dem Druck der Welt, ihren Zwängen und Restriktionen, unterworfen ist, oder auch nur, dass man nicht mehr vereinnahmt wird von dem, was man gerade tut. Es ist eine Verhaltensweise des unmittelbaren Lebens, jedoch von unbegrenzter Tragweite; es hat als solches die Geltung einer Belehrung, sogar einer unübertrefflichen, die aber natürlich nicht belehrt. Ein Verhalten, zu dem man sich gehen lässt, um sein Herz auszuschütten, dem man sich ohne Nachdenken hingibt, das jedoch dem ungezwungenen und losgelösten Sein – oder eher der „Melodie" (*air*) –, das sich nicht länger in dieser Welt eingrenzen lässt, seinen freien Gang lässt; *ethos* und Kunst sind darin nicht getrennt.

Kann man nun vermittels eines solchen Pfeifens in elementarer Weise kommunizieren, und bis zu welchem Punkt kann man sich darin hervortun? Lässt es sich überhaupt in eine Rangordnung bringen? Man erzählt, dass eine dieser als exzentrisch geltenden Persönlichkeiten, die allerdings auch einer der größten chinesischen Dichter ist (Ruan Ji, *ibid.*, Kap. 18, 1), bekannt für seine Kunstfertigkeit im Pfeifen, sich auf die Suche nach einem Mann begibt, der noch zurückgezogener – am Rande der Welt – lebt und dem er hoch oben auf einem Berggipfel endlich begegnet. Nachdem er ihm, als guter Schriftgelehrter, die Lehren der Vergangenheit und danach die Prinzipien des Taoismus in Erinnerung gerufen hat, jedoch vergebens, ohne ihn aufzuheitern, stößt er ein langes Pfeifen aus. „Kannst du das wiederholen?", fragt der andre ihn lachend. Als er daraufhin, nachdem er noch einmal gepfiffen hat, verdrossen den Berg hinabsteigt, hört er, wie über ihm ein Geräusch ertönt, das wie ein Trommelwirbel über alles hinwegfährt und von dem Wald und Täler widerhallen. Als er sich zurückwendet, erkennt er, dass es der andere ist, der nun gepfiffen hat ... Hier gibt es kein (Gottes-)Wort, keine himmlische Stimme und keine Offenbarung (einer anderen Welt oder eines anderen Lebens). Doch siehe da, die Ablösung von der Welt erreicht eine klangliche Breite, die über die Welt *hinausgeht*.

Die Loslösung mündet nicht in eine aus einer anderen Welt emanierende Wahrheit, sondern sie erwirkt eine Befreiung aus der auf die Welt beschränkten Welt, aus der als Welt sich einfassenden Welt, die es ermöglicht, diese Welt – die einzige – auf ihrem höchsten Stand des Gedeihens und der Klarheit (清新) zu evozieren, indem sie sie von ihrer Opazität reinwäscht. Wer zu dieser Loslösung keinen Zugang erlangt hat, weiß der chinesische Gelehrte, hat auch keinen Zugang zur Welt oder zum *tao* der Malerei; wenn man Bambuspflanzen malt, dann tut man es, um die *Klarheit* der Welt zu malen. Der feine, schlanke Halm des *Bambus* – Pinselstrich für Pinselstrich entfaltet, fest und biegsam zugleich, gelöst und ohne Opazität, ganz in der Entwicklung, ohne jedoch zu belasten oder sich auszubreiten, lichtdurchlässig – offenbart in seinem Gedeihen das *Gedeihen* der Welt (bei Su Dongpo, im 11. Jahrhundert, als er vom Bambus in den Gemälden Wen Tongs spricht). Auch reicht es, will man Bambus malen, nicht aus, am Südhang eines Berges den Schutz eines Bambushains zu suchen und zwischen den Pflanzen zu trinken und zu essen; sondern nur indem man „hinschaut und zuhört", in einer Gelöstheit (Ausweitung), die „sich im Unendlichen verliert" (视听漠然), ohne dass noch irgendetwas „den Geist beunruhigen könnte", kann man, wenn der Tag anbricht, in ihrer Gesellschaft „wandeln"; bei Sonnenuntergang hat man mit ihnen „Freundschaft" geschlossen. Man hat die anderen und sogar „sich selbst" hinter sich gelassen, „sich gemeinsam mit dem Bambus gewandelt"; und obwohl man das *tao* nicht „gesucht" hat, sondern es „hat kommen lassen" (致而不求), entsteht plötzlich, „ohne dass man es überhaupt gewahrte", da man „vergisst, dass man den Pinsel in Händen und Papier vor sich liegen hat", „dicht" und in überschwänglicher Weise, 勃然而兴, Folgendes: „Bambuspflanzen ragen empor und bilden einen Wald" ...

Bambus *lässt sich nicht darstellen*, und tatsächlich kann man ihn nicht einmal malen: Eine *mimesis* ist unmöglich. Sein Aufschießen an sich ist Bild für den Aufschwung einer Loslösung (dessen Aktualisierung), ist dabei aber natürlich in keiner Weise symbolisch. Würde es nicht sogar genügen, wie es der Gelehrte empfiehlt, einen Bambus, oder besser dessen Schatten an der Wand in einer Mondnacht, zu betrachten – der als solcher nicht abstrakt, sondern dekantiert ist? Also nicht zweigeteilt durch ein Hinausgehen über die Erscheinung, wie es die Metaphysik verlangt, um zu seiner intelligiblen Wirklichkeit zu gelangen, sondern frei von der Gezwungenheit, die alles „Reale" bedroht, indem sie es verdinglicht – zur trägen *res* macht, „reifiziert" –, sodass sein *Aufschwung* in der Ausbreitung verloren geht. Dieses *Zweite*, das sich auf der Wand von dem Realen ablöst, „dupliziert" nicht, sondern *setzt frei*.

VIII. Zweite Liebe

Man muss nun die Wirkung der *Loslösung* auf das ganze Leben ausdehnen, und zwar zunächst auf die erste unserer Investitionen – die „Liebe" –, um der Schicksalshaftigkeit ihres Verwelkens zu entgehen. Wenn eine zweite Liebe nicht die Wiederholung, sondern die *Wiederaufnahme* einer ersten Liebe ist, worin hebt sie sich von der ersten ab? Es stellt sich nicht nur die Frage, was für eine *Luzidität* sie erlangt, welche Illusionen sie durchschaut hat, das heißt, welche mythologische Seifenblase der Liebe, die der Diskurs mit sich trägt, sie letztlich hat platzen lassen – und zwar unter der schweigend verbuchten Prüfung der *Erfahrung* –, sondern auch, aus welcher Stagnation, zu der sich die erste Liebe unmerklich verurteilt sah, sie so herausgetreten ist. Denn die zweite Liebe rührt nicht nur daher, dass man bloßgelegt hat, was „Liebe" an sich ist. Dass man ihr die chimärische Hülle und das Fabulieren entzogen hat; dass man es verstanden hat, aus dem Gewebe der Liebe etwas ganz anderes herauszulesen als das, was so oft schon gesagt wurde; dass man erkannt hat, wie zweideutig die Liebe zwischen der Hingabe des Selbst einerseits und andererseits dem Wunsch, den anderen zu besitzen (*agape* und *eros*), positioniert ist, wie viel Eigeninteresse sie, unter der Gestalt der Großzügigkeit, noch enthalten kann oder wie viel Leid man dem Anderen, unter dem Vorwand, ihn zu lieben, zufügen kann (will). Denn nicht nur hat man erkannt, wie theatralisch und lärmend die Liebe in ihrer

Erklärung ist und wie sehr es, schon sich selbst gegenüber, eine Pose ist zu sagen, „ich bin verliebt". Die zweite Liebe hat uns außerdem mit einem Schlag von den folgenden zwei Dingen befreit: vom *primären* Charakter der ersten Liebe, das heißt von dem „primären" Bedürfnis nach Eroberung und Fesselung, und zugleich von der Dialektik des Mangels, der, sobald er behoben ist, zum Überdruss wird, oder von der Befriedigung, die sich in Enttäuschung wendet. Die erste Liebe war dem Begehren unterworfen, das sich, einmal erfüllt, in Unlust verwandelt – wodurch das Leben als Paar zugrunde geht, sofern es nicht *wiederaufgenommen* wird. Nun hat sich die zweite Liebe von der Leidenschaft gelöst, das heißt von der Passivität, welche die Kehrseite des Besitzens ist, um sich für etwas ganz anderes zu öffnen: um sich, in der Intimität, zu der sie Zugang findet, in der Unendlichkeit der *Gegenwart* oder des „Naheseins" zu entfalten.

Denn die Frage ist nicht, ob man nur einmal oder durchaus mehrmals lieben kann. Darüber hat man in den Salons ausreichend debattiert, als ewiges Gesprächsthema „unter Männern", die sich Experten nennen, an den Kaminsims gelehnt, die Hand elegant zwischen zwei Westenknöpfe geschoben (Einstieg in die Materie à la Maupassant). Das Problem besteht nicht darin, für das eine oder das andere zu optieren: der Ansicht zu sein, wie es ein allseits bekanntes „Geheimnis" besagt: „Wenn das Herz die reife Frucht geborgen / Wird Leben Qual ...", der Ansicht also, dass nach dem Verlust dieses Paradieses nichts mehr zu erhoffen ist als nur die Wiederholung („Semper eadem", titelt Baudelaire). Oder der Ansicht, dass vielmehr „die stärkste von allen unsren Lieben weder die erste noch auch die letzte ist", wie es uns der Don Juan aus den „Teuflischen" anvertraut, „sondern die zweite", während die erste nur eine Skizze und Vorbereitung für sie ist. Die Frage ist nicht einmal, ob diese zweite Liebe einen Partnerwechsel, eine Scheidung impliziert. Denn diese zweite Liebe nach der Scheidung kann auch eine bloße Wiederholung der ersten sein, nicht ihre Wiederaufnahme und Loslösung. So wie es auch nicht notwendig sein muss, mit dem anderen zu brechen – vielmehr kann man sich gemeinsam auf die erneuerte Verbindlichkeit einlassen, die auf die entschlossene Befreiung einer welkenden Beziehung aus der Stagnation folgt; sich mit dem alten Partner „neu verheiraten", um also das Leben gemeinsam zu einer *Existenz* zu entfalten. Es bleibt dennoch dabei, dass eine solche Liebe nur in einer zweiten Liebe von Dauer ist, die, luzide geworden, sich allmählich von einer ersten Liebe abhebt, die sich abgenutzt hat, und einen Zugang *zu zweit* zum *Zweiten* des zweiten Lebens verschafft.

Doch warum kann es sich nur um eine *zweite* Liebe handeln und nicht um eine *neue* Liebe? Weil man im Lauf seines ganzen Lebens nur eine einzige Weise entwickelt, nach seiner Befriedigung zu streben und zu „lieben". Die Gestalt meines Begehrens hat sich auf archaische Weise herausgebildet, seit meiner Kindheit oder noch länger, so wie sich ein Schicksal herausbildet, das danach unentrinnbar auf der Zukunft des Ich-Subjekts lastet. Wie, durch welche Gnade oder welches Wunder, könnte man das ändern? Man schließt sich vielmehr ein und verstrickt sich umso stärker darin, je älter man wird; und was dabei an Invertierung sich ereignen kann, sowohl was das „Triebschicksal" als auch die „Objektwahl" angeht, bindet uns in derselben Weise – das Begehren an sich ist manisch. Dass ein Wiederaufnehmen möglich ist, hängt umgekehrt davon ab, dass die Logik der ersten Liebe sich von selbst erschöpft. Die erste Liebe bestand aus Eroberung und Entdeckung, und dieses Neue trug sie ganz allein, weil dieses erste Mal in seiner makellosen Erstheit stets als ein erstes Mal auf der Welt erlebt wird. Diese erste Liebe, die sich dem Anderen aufzwingen will, genügt sich in ihrem Erfolg und sogar in ihrem Scheitern selbst. Man kann sie nun zwanghaft ein zweites und sogar ein x-tes Mal wiederholen, doch ist das darum immer noch keine zweite Liebe. Denn die zweite Liebe impliziert, allmählich von dieser iterativen Liebe Abstand zu gewinnen, die vom Begehren zu dessen Befriedigung führt, in der das Begehren sich langweilt. Entweder man bewirkt diese Loslösung gemeinsam mit dem Anderen oder man muss den Anderen auswechseln, um sie herbeizuführen. Während die erste Liebe ihren Wert aus der Kraft ihres Einsatzes bezieht, der zum Besitz jenes anderen (mit kleinem *a*) führt, welcher bis zum Grad der Fixierung ihr Objekt bildet, wird die zweite Liebe aus dem Ent-decken und dem Dekapieren geboren, unterhalb der von außen auferlegten Mythologie der Liebe, aus einer *anderen* Ressource. Nicht länger aus der primären Ressource der Fesselung oder auch, im Gegenteil, der Leidenschaft, wobei die eine ebenso beschränkt ist wie die andere, sondern aus der des Unerschöpflichen, das sich von ihnen *abgelöst* hat, wobei sich dieses *Unerschöpfliche* vertieft durch das, was zu einem *Zusammentreffen* von *Subjekten* wird, die sich in der Intimität der gemeinsamen Gegenwart entdecken.

Die erste Liebe, um die Wahrheit zu sagen, schnaubt und schüttelt sich zunächst geradezu in ihrer Leichtigkeit. Sie wird getragen vom Schwung eines Neuen, das noch nicht abgestumpft ist. Von der Anziehungskraft des Begehrens und der Verführung, von der Naivität der Anfänge (das erste Mal, das noch nicht einmal weiß, dass es ein „Mal" ist und sich in eine Abfolge einreihen wird), von der Faszination, welche die Entdeckung und ihre Improvisation ausüben. Sie wird getragen, emporgehoben, entlang der Stufenfolge der Eroberung. Ihr ist alles erlaubt: Sie hat alle

Ausreden; alle Hemmungslosigkeiten und Verirrungen sind in ihr von vornherein legitimiert (durch diesen höchsten Zweck, die „Liebe"). Die Gewalt steht ihr gut; sie wird bestärkt durch ihr zur Schau getragenes Ungestüm und ihre Heftigkeit. Denn nicht nur wird die erste Liebe von einer Zukunft gestützt: weil das Heute ein Morgen vorbereitet, weil man Träume der Zweisamkeit in sie projiziert, vom Kind, das man zeugen, und vom Haus, das man bewohnen wird. Sondern sie wird außerdem gerade von ihrer Modalität selbst gestützt – welcher sie Autorität verleiht und von welcher zugleich sie inthronisiert wird –, emphatisch und freiwillig tragisch. Und zuallererst von der rhetorischen Bequemlichkeit des Extremen und des Superlativs (das meiste „auf der Welt" der klassischen Sprache). Sie rechnet sich an und beglückwünscht sich für das, was sie sich von vornherein an Außergewöhnlichem zuschreibt, und das auch im Klagen; so, wie sie sich auch wohlfühlt und sich sanktioniert sieht durch die unermüdliche Feier des Anderen. Sie richtet sich im Absoluten ein („Liebe – für immer") und glaubt, sich damit unantastbar zu machen. Ebenso sieht sie sich durch die Dramatisierung, die ihr innewohnt, bestätigt, verstärkt und abgesichert: Krisen und Eifersuchtsszenen bilden gleichermaßen ihr Mobiliar, jedes „Ich verlasse dich" und all die Wendungen, Missstimmungen und Schwüre; sie wird durch dieses Wechselspiel und selbst durch das Leiden variiert und motiviert. Denn „vielleicht war eben dieser Seelenqual die wichtige Rolle geschuldet, die Odette für ihn nun spielte". Auch das Leiden gehört zu der Leichtigkeit der ersten Liebe.

Nun enthält diese erste Liebe ihren unerbittlichen Verlust in sich. Verlust des Begehrens und Verlust des Draußen, wobei dieser jenen herbeiführt. Das Begehren ohne Distanz, eingeschlossen und eingemauert, begehrt nicht mehr – und das, noch bevor es befriedigt wird. Aus der gewonnenen Nähe geht auch Gewöhnung hervor, durch welche die Begegnung in bloßen Umgang (in Nebeneinandersein) umkippt, bei dem man sich in Gegenwart des Anderen nicht mehr geniert: Der *Abstand* (die Rücksicht), welcher der Beziehung ihre Spannung verlieh und durch den man einander anschauen konnte, ist verlorengegangen. Man nennt dieses Zurückgehen Mattheit: „Und doch war es nicht nur Odettes Mattheit, der zuvorzukommen er sich bemühte, sondern auch seine eigene; denn er fühlte, dass Odette, seit ihr alle Möglichkeiten gegeben waren, ihn zu sehen, ihm nicht mehr viel zu sagen hatte". Die vielversprechende Zukunft hat sich verkehrt und ist in ihr Gegenteil umgeschlagen: „Sobald ich aber einmal verdrießlich an dieses unvermeidbare neuerliche Zusammentreffen gedacht hatte ..." Wenn die Leidenschaft, in der die erste Liebe doch besteht, nicht mehr durch das Leiden beseelt wird, wendet sie sich zur Gleichgültigkeit um – Proust hat die Möglichkeit einer zweiten Liebe nicht gesehen. Was ist dann aber das Eheleben mit Odette, im Zuge dessen Swann sich so fügsam in einen „uninteressierten und umsichtigen Ehemann" verwandelt hat? Tatsächlich, nur die Mattheit zu erwähnen, die aus der Sättigung geboren wird, oder die Erosion, die der Gewohnheit geschuldet ist, beschränkt sich, wie man bei Proust sieht, viel zu sehr aufs Psychologische, dessen Wahrheit bloß ein Einschließen der Subjekte in ihr jeweiliges Ich ist. Das bedeutet, aus dem Blick zu verlieren, dass das, was sich hinter diesen bequemen Formulierungen und Vorstellungen abspielt, der Verlust des Anderen ist, der als solcher von einer viel allgemeineren Logik ist, die die Möglichkeit von Alterität an sich berührt. Denn sobald die Beziehung sich herstellt, wird der Andere darin integriert: Man kann sich ihm daher nicht mehr als einem „anderen" nähern. *Integriert* bedeutet, dass er unserem Horizont einverleibt wird und nicht mehr darüber hinausgeht, dass der „Andere" hierbei entfremdet wird durch eine Angleichung an unsere Welt: Es bleibt kein Draußen mehr – kein Fernes –, aus dem er hervorgehen könnte: Aller *Aufschwung* wird untergraben. Gibt es denn nun, da hierbei doch eine Logik wirksam ist und nicht etwa Fatalität, keinerlei Ansätze, etwas zu finden, was diesen Bedingtheiten entgeht, und sich ihnen zu verweigern?

Die zweite Liebe ist nämlich nicht etwa eine Weise, sich mit diesem Verlust der ersten Liebe abzufinden. Man ist nicht etwa vom Ungestüm des Begehrens zu Zärtlichkeit und Zuneigung übergegangen – oder vom augenblicklichen Brand der Flamme zum stetigen Glühen der Glut, von der Feuersbrunst (*embrasement*) der Umarmung (*embrassement*) zur Anhänglichkeit. Dieses Übergleiten von der Leidenschaft (dem Trieb) zum Gefühl gehört noch zur Verlaufsbahn der ersten Liebe, die sanft zu deren Abwelken hinführt. Auch ist es nicht etwa so, dass nach dem Ansturm der Eroberung-Inbesitznahme ein jeder nach und nach zu seiner Unabhängigkeit zurückkehrt, dass durch das Lockern der Bindung ein jeder seine Freiheit wiederfindet: Eine solche wohlgeordnete Toleranz gegenüber dem Leben des anderen ist die Selbstrechtfertigung einer ersten Liebe, die sich überdehnt und verblasst. Die zweite Liebe ist keine zweite Phase der ersten Liebe, da sie eben nicht der *modus vivendi* ist, den man nach dem Absinken der Leidenschaft und ihrer Zügellosigkeit (ihrem Überborden) findet: Sie ist keineswegs eine weniger dramatische, zerrissene, hemmungslose, eine gelassenere, eine weniger intensive Version der ersten Liebe: Sie ist nicht die Liebesleidenschaft, die wieder zur Vernunftordnung zurückkehrt und sich ins Alltagsleben und die Dauer einfügt. Sie ist also keine besänftigte, gedämpfte, gezähmte erste Liebe, das heißt eine, die auf den resignierten und versöhnlichen, sogar freundlich lächelnden, jedenfalls weniger extremen und weniger gewagten Modus der *Weisheit* zugreifen würde. Vielmehr wird dabei, nachdem man die Illusionen der ersten Liebe verloren hat, eine andere Ressource für das entdeckt, was man in allzu unklarer Weise – allzu bequem – die „Liebe" genannt hat. Deshalb ist die zweite Liebe im Gegenteil dazu bereit, bis zum Ende zu gehen, alles auf sich zu nehmen, alles zu riskieren (sie hat nichts mehr zu verlieren), um sich von all dieser Banalität und Fatalität *zu lösen* und sich aus solcherlei Fesseln zu befreien.

Denn die zweite Liebe, die nun den Mythos der „Liebe" durchschaut hat, die nicht mehr „blind" ist, hat begriffen, was die erste Liebe an Leichtfertigkeit enthielt und was sie vielleicht sogar an Scheinhaftigkeit in sich trug im selben Augenblick, da sie keinen Zweifel an ihrer Aufrichtigkeit zulassen durfte. Sie hat insbesondere begriffen, dass sich hinter dem Feiern des Anderen einiges an Selbstrechtfertigung verborgen hat und dass ich den anderen eben um der Eigenschaften willen liebe, die ich auf ihn projiziere, die ich ihm, ihn idealisierend, zuschreibe. Sie hat auch das Theatralische erfasst, das beinah immer mit der ersten Liebe einhergeht: was das berühmte „Ich liebe dich", das man vorbringt, unfreiwillig an „Pose" und Gezwungenheit enthält und was die Erhöhung zur Ausnahme – das Podest der Liebe – bereits an Rollenzuteilung etablierte, was der Rückgriff auf die Übertreibung gar an Unerfülltem eingestand, das diese Emphase auszugleichen versucht. Doch sie hat noch etwas Weiteres begriffen: nicht nur, was die Liebe an Zweideutigem hat, pendelnd zwischen der Inbesitznahme des anderen und der Hingabe des Selbst, zwischen *eros* und *agape*, sondern auch, an Doppeltem, an Unruhe und Ambivalenz; sie hat begriffen, dass das Umkippen von der Liebe zum Hass recht nah liegt, genauso das vom Wunsch, Gutes zu tun, zum Drang, dem andren Schmerz zuzufügen

118

und ihn zu opfern („Ich liebe dich", doch weil ich dich „liebe", erlaube mir, dich zu verstümmeln). Sie hat verstanden, was die als Absolutes sich setzende erste Liebe in ihrer Tiefe an Zweideutigkeit enthält, der ins Auge zu sehen man sich an der Oberfläche hütet – *so wenig will man* Luzidität, insbesondere in Hinsicht auf die Liebe.

Nun wird eine „Liebe" in der Dauer erst dadurch ermöglicht, dass sie sich in dieser Weise nackt sich selbst gegenüber vorfindet. Und zunächst keinen Zukunftsversprechen mehr traut, nicht mehr von der „Ewigkeit" träumt, begriffen hat, dass sie nicht aufschieben darf, weiß, dass sie auf diese Gegenwart eingeschränkt ist, nämlich auf die *Zeit-die-noch-bleibt*. Der stumme Satz eines jeden Morgens: Wir sind noch da. Die Sorge, die ihm innewohnt, besteht nicht mehr darin, dass wir einander verlassen könnten, aus Eifersucht oder Verrat, durch irgendein Drama der Leidenschaft oder, schlimmer gar, durch ihre Sättigung, sondern darin, dass wir durch den Tod getrennt werden könnten – getrennt werden *werden*. Diese Furcht wird kein Schwur aufheben können: Die zweite Liebe entdeckt ihre Intensität im Schatten des Todes, *in umbra mortis*. Da sie sich außerdem nicht mehr darauf verlässt, was ihre Objektwahl an Außergewöhnlichem hatte (dieses Andere, das man so sehr gefeiert hat), oder da es zumindest nicht mehr ausreicht, geht die zweite Liebe aus der Tatsache hervor, dass wir einander nun ohne jeden weiteren Anhalt gegenüberstehen. Wie Adam und Eva, als sie aus dem Paradies vertrieben wurden, können wir höchstens noch darauf zählen, dass wir *zu zweit* werden leben können.

Hier wird die Schwelle überschritten, sodass die Liebe über ihre Beschränktheit (*primarité*) hinausgelangt, welche die Kehrseite ihrer paradiesischen „Erstheit" (*primauté*) bildet. Unterhalb dessen, was die erste Liebe mit ihrer edenischen Leichtigkeit verdeckt hatte, wird hier die ungeahnte Ressource der zweiten Liebe freigelegt: dass wir nunmehr, der eine wie der andere, einander gegenüber als *Subjekte* „existieren" können, weil jeder sich im Anderen „aus sich selbst heraushält" – wobei dieses *Sich-heraus-Halten* (aus der Geschlossenheit des Ich) in der Folge zur Qualifikation von *Ex-istenz* wird. Tatsächlich setze ich den Anderen nicht länger als einen „Gegenstand" der Eroberung und Inbesitznahme, als Objekt des berühmten „Ich liebe dich", sondern ich errichte ihn mir gegenüber als „Subjekt", zugleich als Instanz der Initiative und als einen mir ebenbürtigen Ausgangspunkt von Menschlichkeit, da ich feststelle, dass ich durch ihn *über mich selbst hinausgehe*. Daher liegt die Ausdehnung und Vorwärtsbewegung der zweiten Liebe nicht mehr so sehr in der projektierten Zukunft, noch auch in der begehrten Frucht, sie zeigt sich vielmehr in dem gespannten *Dazwischen*, das durch dieses wechselseitige Überborden eröffnet wurde (was – allerdings mehr schlecht als recht – der Ausdruck „Inter-Subjektivität" besagt): in diesem „Dazwischen", das kein „Sein" ist, da es kein An-sich und keine Eigenschaft hat. Und da die Ressource, die so unter der versiegenden Liebe ausgehoben wird, diejenige der *leicht geöffneten* Subjektivität der Subjekte ist, ist die Dimension der zweiten Liebe nicht mehr so sehr das „Absolute" (Eigenschaften, die im Sein ebenso wie in der ersten Liebe gefeiert werden: „In ihm finde ich alles") als vielmehr das *Unendliche*. Gegenüber dem Endlichen der Welt und des Lebens wird diese Unendlichkeit die des *Intimen* sein, zu dem uns die zweite Liebe Zugang verschafft.

Ich habe den Inhalt und Tenor der zweiten Liebe also das „Intime" genannt. Die zweite Liebe ist nicht mehr aus Leidenschaft gemacht, die sich zur Enttäuschung umwendet oder jedenfalls unweigerlich an ihre Grenze stößt, sondern aus dem *Intimen*, das zwischen den Subjekten unerschöpflich entdeckt wird. Bei der ersten Liebe, die den anderen als Objekt setzt, besteht klarerweise die Möglichkeit, dass sie nicht geteilt wird (ich liebe dich/du liebst mich nicht) – dies ist sogar gerade das, was ihr Dramatik verleiht und weswegen man solch großen Gefallen daran gefunden hat, sie zu analysieren: weswegen man sie zu Romanen verarbeiten kann, die durch Krisen und Wendungen hindurch unaufhörlich diese Unstimmigkeit ausloten und sich zunutze machen. Dagegen impliziert das Intime an sich, dass es wechselseitig ist. Das sagt uns sogar schon die Sprache: Ich bin mit dir intim (vertraut), wir sind „intim", das heißt, wir richten uns gleichermaßen – gemeinsam – in der Position von Subjekten ein, ohne dass noch zu unterscheiden wäre, auf wen von beiden dies zurückzuführen ist. Oder vielmehr sind wir intim *geworden*: Das Intime geht, gemäß der Logik des *Zweiten*, aus einer Entwicklung und Klärung hervor; auch das Intime ist *ergebnishaft*. Doch woher genau kommt dieses „Intime"? Weil wir nicht nur gegenüber der Liebe, sondern ebenso gegenüber der Welt luzide geworden sind, weil wir, der eine wie der andere, jeder auf seiner Seite, durchschaut haben, wie sich in ihr die Intrige durchsetzt, der Anschein und die Mittelmäßigkeit, haben wir gemeinsam, in dieser Enttäuschung uns treffend, an der Grenze gerüttelt, die uns voneinander trennte (Lucien und Madame de Chasteller in Nancy). Wir haben beide die Zurückhaltung durchbrochen, unter der sich bisher ein jeder von uns argwöhnisch verborgen hat, und zwar, um den Anderen „in uns selbst", sogar ins „Innerste" unserer Selbst (*intimus*) einzulassen und künftig als Verbündete gegenüber der Außenwelt zusammenzustehen: Dank diesem *Dazwischen*, das sich zwischen uns eröffnet hat, befinden wir uns nunmehr im Angesicht der so enttäuschenden Endlichkeit dieser Welt auf derselben Seite.

Dem Wesen des Zweiten entsprechend wird das Intime nicht angestrebt, sondern *gewagt*, nicht gewählt, sondern angenommen. Es ist nicht so sehr von den außergewöhnlichen oder, besser gesagt, idealisierten Gaben des Anderen abhängig wie bei der ersten Liebe, sondern eher von dem gemeinsam getroffenen Entschluss, uns auf dieses Intime einzulassen, indem wir jeweils durch den anderen in dem zwischen uns eröffneten *Dazwischen* die Einzäunung durchbrechen, in der sich sonst das Subjekt aufhält, sich verzweifelt einschließt und auf sein „Ich" zurückzieht. Daher ist das *Intime* das eigentliche Wesen der zweiten Liebe: Während die erste Liebe, auch wenn sie nachlässt, im Bereich des Kräfteverhältnisses bleibt (was man darin erleidet, verlangt gerächt zu werden), entsteht die zweite Liebe, die vom Intimen ausgeht, umgekehrt daraus, dass man begonnen hat, den Anderen aus dem Kräfteverhältnis zu extrahieren, aus dem die Welt gewoben ist; und sogar daraus, dass man keinen Zweck und keine Absicht mehr auf ihn projiziert, was bedeutet, ihn als „Subjekt" anzuerkennen. Daher kommt die intime „Zartheit" der zweiten Liebe, die, da sie sich von der Kraft distanziert (die immer begrenzt ist), nicht so sehr Affekt ist wie Unendlichkeit. Daher rührt auch die Tatsache, dass – während die erste Liebe lärmend und theatralisch ist, während sie (gemäß der drängenden Logik der Primarität) nicht bloß den Anderen feiern, sondern auch sich selbst „erklären" muss (die berühmte Liebeserklärung) und stets, wenn auch vielleicht nur in ihren Formulierungen, erzwungen ist – das Intime der zweiten Liebe in seiner Ergebnishaftigkeit diskret ist: Es braucht sich nicht geltend zu machen, es breitet sich nicht aus, und selbst die so angesehene „Psychologie", welche die Grundlage der ersten Liebe bildet (noch bei Proust), interessiert es nicht. Das Intime wird weder erzwungen, noch lässt es sich verlangen, es ist schamhaft, nicht emphatisch; es wird bloß festgestellt: Es braucht nicht einmal gesagt zu werden. Umgekehrt ist es beständig in den „Nichtigkeiten" des Alltags zu vernehmen und ereignet sich in ihnen. Es gibt also nichts davon zu erzählen. Eben deshalb auch erzählt der Roman dramatisch von der ersten Liebe, hält aber an der Schwelle der zweiten inne, da er nichts Auffälliges, kein Ereignis, nichts Interessantes mehr zu berichten hat; und ohne Erzählung bleibt uns auch eine Beschreibung des Intimen der zweiten Liebe vorenthalten: Folglich haben wir die zweite Liebe nie wirklich gedacht und sie als Ressource vernachlässigt.

Man kennt die Strategie der ersten Liebe gut – eine Strategie der Eroberung und Besitznahme. Denn sie ist es, die in allen Romanen der Welt geradezu um die Wette beschrieben wird: der Mann, der versucht, die Frau, die sich wehrt und sich schließlich ergibt oder auch nicht, „zu Fall zu bringen". Es ist eine Strategie von „Angriff" und „Widerstand": Sie besteht aus Belagerungen, Fallen, Annäherungsmärschen, Überraschungseffekten und Belästigungen, aus Niederlagen und Rückschlägen, und der Sieg des eines ist auch die Niederlage der anderen. Nun, da man den eigentlichen Gehalt der zweiten Liebe nicht erkannt hat, hat man auch nie ihre Strategie analysiert, die von jener völlig verschieden ist und die sie erfordert, um dem unvermeidlichen Verlust zu entgehen, dem die erste Liebe geweiht war. Um dem zu entgehen, was man nur allzu bequem (allzu faul) als „Abnutzung" bezeichnet: dem Verlust der Distanz, die den Anderen heraustreten ließ, seiner Integration in meinen eigenen Horizont, wodurch sich die Begegnung als „Beziehung" etabliert und verarmt – sich verhärtet. Denn es geht nicht mehr darum zu erobern, sondern darum zu *erhalten*: das „Dazwischen" des Intimen, das sich zwischen den Subjekten öffnet, in seiner Intensität, also tatsächlich in seiner Unendlichkeit, festzuhalten. Doch während man sich darin gefallen hat, die Strategie der ersten Liebe zu beschreiben, ihre Figuren und ihre

Geometrie im Detail darzustellen, ist man höchst unbeholfen dabei geblieben, die Forderung nach einem solchen
Unter-halt in anderer Gestalt als der eines Rückzugs und
einer Zähmung sich vorzustellen: einem scheinbar so be-
scheidenen Unterhalt, der jedoch nur wirklich möglich ist,
wenn ihm ein Unendliches Spannung verleiht. Während
die erste Strategie sich auf (gegen) den Anderen richtete
und ihr Widersacher deutlich sichtbar war, da es sich eben
um die Sprödigkeit des Partners handelte, und während ihr
die Ambivalenz der ersten Liebe zugute kam (den anderen
zum Nachgeben bringen, über ihn triumphieren, aber „aus
Liebe"), ist die Strategie der zweiten Liebe weitaus schwie-
riger und erst noch zu denken. Denn sie kann sich nicht
das gesamte kulturell akkumulierte psychologische Wissen
zunutze machen, auf welches sich der Romancier traditio-
nell beruft, sondern muss sich mit dem auseinandersetzen,
was im eigentlichen Sinn – in ihrer modernen, allerdings
noch zu entfaltenden Bedeutung – die Fähigkeit zu „existieren" ist.

Man müsste diese strategischen Einfälle der zweiten Liebe, die oft Täuschungsmanöver oder existenziellen Paraden
sind, ausgiebig untersuchen. So verhält es sich namentlich
mit der Strategie dessen, was ich als das „Extime" bezeichnet habe, da man verhindern muss, dass das Intime in Intimität, das heißt in Essenz und Eigentum, zurückfällt. Da
man verhindern muss, dass die Zartheit des Intimen, die
gerade den Anderen aus dem Kräfteverhältnis herausholt,
sich alsbald auf einen Affekt beschränkt (auf affektive
Zartheit, die sich in Geziertheit verwandelt), indem sie allzu vorsichtig die Beziehung in Sicherheit bringt, wodurch
die Virulenz des Sich-Gegenüberstehens entschärft wird.
So weist das *Ex-time* spielerisch, aber doch gewaltsam, den
Anderen *ins Draußen* zurück, wobei dieses Theatralische
dieses Mal ostentativ angenommen wird. Um ihn erneut

zum Gegenstand des Begehrens zu machen, wieder eine Bresche für den Besitztrieb zu eröffnen, dem *eros* wieder einen Platz gegenüber der *agape* zu verschaffen, spielt er noch einmal, in der Komplizenschaft, eine primäre und erobernde Aggression aus, welche durch Umkehrung, in dieser simulierten Herabsetzung des Anderen, die durch ihre Schamlosigkeit das Glatte und Zugerichtete der Welt durchlöchert, seine Unendlichkeit als Subjekt umso besser zum Vorschein kommen lässt. Denn man muss um jeden Preis eine Distanz wiederherstellen, die ein neues *Dazwischen* eröffnet, die Gewöhnung durchbrechen, die dem Einverständnis schadet, während sie glaubt, es zu begünstigen, damit der Andere (ein Anderes) aus diesem Abstand, in seinem Aufschwung, wieder auftauchen kann. Wenn es so von der Verführung zur Provokation übergeht, ist das Sexuelle der zweiten Liebe nicht mehr so sehr eine Angelegenheit des Genusses, zielt es nicht mehr so sehr auf Befriedigung ab, ist es nicht mehr so sehr eine Frage der „Lust" (und ist daher auch nicht mehr der Ermattung des Begehrens unterworfen), als es einen Aufstand gegen die Funktionalität darstellt, welche die Welt ausmacht und welche in die Welt integriert: eine Kampfansage an die verschlingende Fähigkeit der „Welt", alles aufzusaugen und im Endlichen einzuschließen.

Auch mit dem *Festlichen* verhält es sich ganz ähnlich. Um zu verhindern, dass die Dauer verkümmert, da diese von selbst zum Nachgeben neigt, wenden die Liebenden der zweiten Liebe eifrig die älteste List der Menschheit an – das Fest –, um wieder zu deinstallieren, was sich, sobald es eingeführt ist, einrichtet oder, indem es sich ausbreitet, an Spannung verliert und durch seine Ordnung dazu geführt wird, sich zu sedimentieren. Um die Zeit aufzurütteln, der Erschlaffung droht, schaffen sie einen Raum der Erwartung – wobei sie umso bereitwilliger sich den Vorbereitungen widmen, je wachsamer sie sind, nichts hinauszuschieben – und entziehen so die Dauer dem Dämmerschlaf der Ausbreitung. Sie erfinden für sich zu zweit Mythologien, die in Rollen repräsentieren, und bauen eine Große gemeinsame Erzählung auf, die endlos wieder aufgenommen und variiert wird und von der aus sich fiktiv, durch *Loslösung*, ihre Existenz betrachten lässt. Oder aber sie setzen die Kunst als ein Vermittelndes ein, das zwischen ihnen beiden ein *Dazwischen* reaktiviert: zu zweit ein Gemälde betrachten oder sich gemeinsam in eine Landschaft oder ein Musikstück vertiefen. Denn die *Begegnung* hat keinen Ort – auf diese Weise ist sie „außerhalb" der Welt und lässt „existieren" –, es sei denn jenes *Dazwischen*, das jedoch kein „Sein" ist, jenes Dazwischen, das in seiner Intensität dadurch unterhalten (*entre-tenu*) wird, dass, da ein jeder vom Anderen überbordet wird, es sich auf keiner Seite resorbieren lässt, dadurch, dass man den Anderen nicht auf einen von sich Abhängigen, anders gesagt einen „Entfremdeten", reduziert; das heißt, dass man an ihm als einem Anderen festhält, dem man *begegnet*.

Auch handelt es sich wohl um eine Strategie der „Existenz", eine diskrete, gedämpfte, findige, unauffällige Strategie, da es darum geht, in und durch dieses vom Intimen eröffnete intensive *Dazwischen*, sich erfolgreich *draußen* zu halten, wobei sich jeder vom anderen ent-grenzen (*déborder*) lässt – was folglich nur zu zweit überhaupt machbar ist: draußen, d. h. außerhalb der Eingliederung in die Welt, außerhalb ihrer Abgeschlossenheit und Endlichkeit. Und vor allem außerhalb der Reduktion der *Begegnung* mit dem Anderen zu einer *Beziehung*, die sich in die Welt resorbieren lässt. Doch weil man sich zu zweit verbündet in diesem Versuch zu existieren, der eine Rückkehr zur konativen und konzertierten Erfahrung ist, weil man sich intim zu zweit verständigt, um sich dem der Liebe inhärenten Missverständnis zu entziehen, weil man sich darin verbindet, um sich der Errichtung der Begegnung als Beziehung zu widersetzen, die jede Alterität einbüßt, wodurch die Begegnung logischerweise bedroht ist, ist nun, siehe da, eine Umkehrung dessen greifbar, womit sich die Weisheit in Hinsicht auf die schicksalshafte Erosion der Liebe, auf ihre „Abnutzung", allzu leicht abgefunden hat: Eine zweite Liebe, die sich aus der Erfahrung der ersten Liebe herauslöst, ist tatsächlich möglich. Man ist nicht bei der Feier dieses wunderschönen Gesichts stehengeblieben, das man um seiner Züge willen in idealer Weise fotografiert hat, auf der die erste Liebe beruhte, sondern man erkennt in diesem Gesicht nunmehr viele Gesichter. Oder vielmehr ist die verborgene – unendliche – Unermesslichkeit des Gesichts endlich zum Vorschein gekommen. Und wir fangen an, in den Blick des Anderen einzutauchen, der uns seinerseits gerade anblickt, statt dass unsere Augen ständig versuchen würden, einander gesittet und behutsam auszuweichen, wobei wir das Gefühl haben, dass wir einander erst jetzt zu sehen beginnen, dass wir einander vorher noch nie gesehen haben, dass alles, was bisher geschah, nur ungeschickter Versuch war. Eine *Wiederaufnahme* kann somit beginnen.

IX. Wiederlesen, Wiederaufnahme, Wiederverpflichtung

Wenn man etwas zum ersten Mal liest, hängt man am Faden dessen, was man liest, getrieben zu sehen, was folgt, und die Seite umzublättern. Es wartet ein *Danach*, das weiterführt. Die erste Lektüre ist stets prospektiv, eine Orientierung: Sie ist eine Lektüre, die sich am Grat des am deutlichsten Hervortretenden, das auch das Äußerlichste ist, festhält und es nicht entfaltet. Dabei mag das Vergnügen des Entdeckens im Spiel sein, doch ist man kaum in der Lage zu ermessen, was man da entdeckt. Wenn man einen Roman zum ersten Mal liest, kann man der Beschreibung eines Gesichts oder einer Landschaft so viel Aufmerksamkeit schenken, wie man will, sie sogar so langsam wie nur möglich lesen, sie bleibt dennoch bloß indikatorisch und dient dazu, die Geschichte zu verorten. Was passiert nun aber beim Wiederlesen – beim dritten, vierten, x-ten Mal, die jeweils nur Zugabe zum zweiten Mal sind? Was ist da stillschweigend seit der letzten Lektüre herausgegraben und neu konfiguriert worden – an Mangel, Begehren, Vergessen, Erwartung, Fragen –, das dazu führt, dass ich dieses Buch jetzt *wieder aufnehme*. Ich kann endlich anfangen, eine Wahl zu treffen. Was ist von dem Buch im Dunkeln zurückgeblieben, was hat ohne mein Wissen gearbeitet, sich verzweigt und sich angehäuft und schließlich dazu geführt, dass ich jetzt präziser nach etwas suche? Zuvor konnte ich nicht wissen, was ich von dem Buch erwartete, und habe es daher fast blind ausgewählt – so wie die „Entscheidungen" des ersten Lebens fast blind getroffen werden. Der Grund, dass ich es wieder lese, hat sich langsam aus der Tatsache, dass ich es bereits gelesen habe, herausdestilliert und *dekantiert*, eben durch das Vergessen; und meine Aufmerksamkeit wird dabei in einer Weise geweckt, dass ich beim neuerlichen Aufschlagen das Gefühl habe, es erst jetzt zu lesen, und sogar, dass ich vermöge all dessen, was mich jetzt dazu prädisponiert, zu einer vollständigeren Lektüre ansetze als beim berühmten „Anfang".

Das Wieder-Lesen nämlich hat es nicht mehr eilig, die Seite umzublättern: Die gegenwärtige ist ihm Horizont genug. Es wird nicht mehr wie beim ersten Lesen nach vorn projiziert, da es nicht mehr darauf angelegt ist zu erfahren, was folgt oder wie die Geschichte enden wird. Es ist nicht mehr ungeduldig, sondern „kostet aus": Es kann sich nicht mehr in der Bequemlichkeit des Vorwärtsgehens ausruhen oder auf diese hinausgeschoben werden. Das Wiederlesen nimmt sich Zeit, verweilt, meditiert – alles zählt. Sogar, dass in Yonville-l'Abbaye auf dem Kaminsims in der großen Stube ein „massiger Korallenpolyp stand, der sich gegen den Spiegel hin ausbreitete". Das kleinste Detail, das ich vorher gar nicht bemerken konnte, wird nun wichtig. Denn das Wiederlesen, das nicht mehr im Bann des Folgenden steht, nimmt sich die Zeit, in die Tiefe und das Gewebe eines jeden Zuges, in die Feinkörnung jeder Tatsache hineinzugehen und sich darin zu versenken. Vor dem Hintergrund einer schlafenden Erinnerung, die ich vom vorigen Mal bewahrt habe, ist jedes Wort dazu berufen, hervorzutreten: Die Hervorhebung ist retrospektiv. Eben aus der Tatsache, dass ich darauf *zurückkomme*, löst sich ein Interesse heraus: Das Wieder-Lesen ist keine Wiederholung, reproduziert oder dupliziert nicht das erste, sondern entfaltet es. Durch die Beschreibung, die ich vorher überflogen habe, schlendere ich nun gemächlich hindurch.

130

Denn ich muss mir die Dinge tatsächlich vorstellen: das Flussufer am Ende des kleinen Gartens und das, was Emma vom Fenster aus sieht, wenn sie den Vorhang wegzieht. Während die erste Lektüre assimilierte und den Text auf Bekanntes zurückführte, um ihn einordnend verstehen zu können, ist die Wiederlektüre dagegen besser in der Lage, den Text in seiner Fremdheit wiederherzustellen: Sie hat an *Radikalität* gewonnen. Beim Wiederlesen stelle ich tiefere Fragen und gewinne wieder mehr Initiative. Dank des erlangten Abstands ist das Wiederlesen zugleich gelassener und aktiver. Es ist nicht mehr beschränkt, kurzsichtig und reaktiv, sondern *losgelöst*.

Als ich in den vergangenen Tagen wieder einmal *Madame Bovary* zur Hand nahm, hatte ich, noch deutlicher als zuvor, das Gefühl, diesen Roman erst jetzt zu lesen. Ich meinte wohl, dieses Buch zu kennen, doch je mehr ich es wieder lese, umso erstaunter bin ich darüber, wie wenig ich es gelesen hatte, umso mehr wird mir endlich seine Kraft offenbar. Die Wiederlektüre ist nicht nur radikaler, insofern sie dem mehr auf den Grund geht, was nun keinen Grund mehr zu haben scheint, sie ist auch ursprünglicher. Alle vorhergehenden Lektüren, die sich zugleich kapitalisiert und geklärt haben, haben das schärfere, geschärftere Vermögen vorbereitet, die Wiederlektüre in Angriff zu nehmen: nicht mehr eine Entdeckung (*découverte*), sondern eine Freilegung (*découvrement*) aus der Lektüre zu machen, indem ich entferne, was mich ebenso sehr durch kontinuierliches Gleiten – die ewige Verkettung von Worten und Sätzen – wie durch überstürztes (ängstliches) Einscheren ins Vertraute daran hinderte, in dieses Singuläre einzutreten. Nun gilt das gleiche für das zweite Leben: Erst in dieser Wiederaufnahme des *zweiten Lebens* beginne ich tatsächlich zu ent-decken, was ich erlebe, das heißt, es unter dem hervorzuziehen, was es durch voreilige Projektion und durch eine Normalisierung, die auf meine Beruhigung abzielte, verdeckte. Ich habe tatsächlich keine Hast mehr im Hinblick auf das, was folgt, da ich jetzt im Groben weiß, wie das Ende aussehen wird; das Ereignishafte des Lebens, seine Wechselfälle, erregen nicht mehr meine Leidenschaft. So wie das Wiederlesen nicht mehr auf die Fortsetzung gerichtet ist, sondern sich in der Gegenwart der Seite Zeit lässt, liegt das zweite Leben nicht mehr im *Happening* und der Ungeduld auf das, was später kommen wird. Es kann endlich den gegenwärtigen Augenblick für sich selbst erfahren und ihn festhalten (ich „taste ihn noch einmal ab", „verweile" in ihm, wie es Montaigne in seinem letzten Essai sagte). Nicht nur ist es für das Detail ebenso wie für das Inkongruente empfänglich geworden und überspringt sie nicht mehr, sondern bemüht sich, sie auszuloten. Denn mehr als die Hauptereignisse des Lebens, die grob gesprochen immer dieselbe Geschichte bilden, und auch mehr als die allgemeinen Wahrheiten des Lebens, die nur den ewigen Fundus der Weisheit wiederkäuen, ist es dieses Winzige und Singuläre, was bindet und was einem zu denken gibt – bis es schließlich sogar unerhört erscheint. Denn ich glaubte, das Leben zu kennen, wie ich diesen Roman zu kennen glaubte. Doch je mehr ich darauf zurückkomme, darin *wieder zu mir komme*, desto mehr erkenne ich, dass ich nichts anderes getan habe, als in einer planlosen Flucht nach vorn meine Orientierung darin zu suchen. Im Lichte des zweiten Lebens nehme ich wahr, bis zu welchem Grad mir das Leben bisher entgangen ist.

Es wird also wohl erforderlich sein, dieses so bescheidene Verb zu untersuchen: „wiederaufnehmen" – dieses so diskrete Verb, das oft unbemerkt bleibt, weil es im Schatten des ersten steht, jedoch die Ressourcen des zweiten Lebens in sich trägt. Ich nehme wieder auf: Ich nehme die Lektüre dieses Buches wieder auf. Nach einer Pause, nachdem ich es beiseite gelegt habe, nachdem ich es vergessen habe, schlage ich dieses Buch neuerlich auf, mit gesteigertem Interesse durch all das, was ich darin bereits an Möglichkeiten angelegt weiß, die jetzt besser entfaltet zu werden vermögen. Oder natürlich reflexiv: „Ich nehme mich zusammen" (*je me reprends*). Denn im Nachhinein wird mir bewusst, dass dieses erste Mal womöglich nur ein Versuch gewesen ist, und ich gelange zu der Auffassung, dass ich es besser kann, oder zumindest werde ich es versuchen. Nicht etwa, dass ich mich korrigiere, weil ich etwas Falsches getan hätte, sodass das Urteil über das Vorhergehende von Bedauern und somit in trister Weise vom Moralischen geprägt wäre. Vielmehr nehme ich mich zusammen, weil ich voller Zuversicht auf ein zweites Mal zähle. „Ich nehme mich zusammen" bedeutet, dass ein Fortschreiten möglich ist, weil ich weiß, dass es ein zweites Mal geben kann – oder vielmehr, weil ich es so einrichte, dass es dieses zweite Mal gibt, und weil ich dieses Mal besser verstehe – besser ermessen kann –, in welcher Weise es von mir abhängt und wie ich damit umgehen kann: weil ich bereits prospektiert habe, welcher Widerstand sich dagegenstellen und es beschränken könnte. „Ich nehme mich zusammen" verlangt noch eindeutiger eine Wahl und damit eine Entscheidung meinerseits, und es ist stärker konzertiert: Ich werde bei dieser zu versuchenden Erfahrung wachsamer sein, da ich auf das bauen kann, was die bereits durchlebte, angesammelte Erfahrung heimlich in mir an Fähigkeiten entwickelt hat. Das bedeutet, dass ich besser weiß, welchen Schwierigkeiten ich mich stellen muss, und auch, welche Ressourcen in dieser Hinsicht zu mobilisieren sind – in angemessenerer Weise, weil sie spezifischer jenen Wirkkräften entgegentreten, mit denen ich bereits in Berührung gekommen bin. Statt mich gehen zu lassen und das schon erreichte Stadium zu akzeptieren, fasse ich mich wieder und setze im Vergleich zu dem, was ich getan habe, meine Ansprüche hinauf. Dieses Verb ist zwar unprätentiös, doch kennt es auch weder Reue noch Resignation. Es ist sogar von Hoffnung geprägt – keiner leichtfertigen Hoffnung, sondern einer, die beglaubigt und verbürgt ist durch das, was ich bereits getan habe: weil ich mich nicht mehr im Projektierten und Absichtshaften befinde, sondern bereits in jenem Wirklichen Fuß gefasst habe, das die Erfahrung ausmacht. Insofern handelt es sich um das ethische Verb des zweiten Lebens schlechthin.

Es ist wichtig, die spezifische Ressource der Wiederaufnahme hervorzuheben, indem man sie abgrenzt von allem, was sie nicht ist. Die *Wiederaufnahme* ist weder Ablösung noch Wiederholung. Ablösung besagt die Reproduktion desselben, jedoch durch einen anderen, dessen Auftrag es ist, mich abzulösen. Die Wiederholung besagt eine Reproduktion desselben im selben und erhält ihren Wert erst dadurch, dass man sich der betreffenden Identität möglichst genau annähert; der Gewinn aus der erworbenen Gewohnheit besteht dabei nur in der Vervollkommnung; sie ist selbst im besten Fall nur eine präzisere und bemühtere Wiederkehr. Die Wiederaufnahme ihrerseits bedeutet nun jedoch sowohl eine Rückkehr wie auch eine Abweichung. Es ist dasselbe Subjekt, das bei seinem neuerlichen Versuch, weiter zu gehen, nun in der Lage ist, dieses Mal hinreichend vom vorigen Mal abzusondern, sodass es auf das zählen kann, was heute, nachdem es sich über die gesamte mittlerweile verflossene Zeit verzweigt und angesammelt hat, eine Neuentfaltung von Möglichkeiten erlaubt. So verhält es sich beredterweise im Theater. Während die Proben (*répétitions*) sich aneinanderreihen, um das zu spielende Stück endgültig zu vervollkommnen, bedeutet eine Wiederaufnahme (*reprise*) desselben Stücks dagegen, dass man sich, nachdem eine gewisse Zeit vergangen ist, in der es nicht gespielt wurde, erneut daran macht, es zu spielen, wobei man sich von den früheren Lesarten abhebt, das heißt den Text neu befragt und versucht, in radikalerer Weise aus seinen Ressourcen zu schöpfen. Dank der in dieser Zwischenzeit erfolgten Klärung, die auch die Bedingungen für die Wiederaufnahme verändert, kann man auf diesen Effekt – den Effekt nicht eines Bruchs, sehr wohl aber einer Unterbrechung (die allerdings keine ist) – bauen, um die Initiative gegenüber einem solchen Text wiederzufinden, den man so gut zu kennen glaubte und der zur Banalität hinabgesunken ist. Die Wiederaufnahme im Theater ist ein Wiederlesen, insofern man beim zweiten Mal nicht das Gleiche liest wie beim ersten, sondern dabei entdeckt, was man noch nie zuvor darin gelesen hat und wovon man nicht einmal geahnt hätte, dass man es dort würde lesen können.

Ist außerdem die ethische Entscheidung nicht in elementarster Weise gerade diese? Lautet sie nicht in jedem Fall: Wird es eine *Wiederaufnahme* sein oder eine Wiederholung? Handelt es sich für mich nicht bloß um eine Wiederholung, die mich in die Fesseln des Immerselben schlägt, oder wäre doch eine Wiederaufnahme möglich? Wenn ich dieses Buch auf dem Regal neuerlich zur Hand nehme, dieses Buch, das ich bereits gelesen habe, wird das dann nicht bloß eine Wiederholung sein, weil ich nicht imstande bin, von der vorherigen Lektüre Abstand zu gewinnen, weil sich seit dem letzten Mal für mich nichts vorwärts bewegt hat, das Vergessen eingeschlossen, weil nichts ausreichend Erwartung geschaffen hat, Nostalgie hat reifen lassen, durch stille Anhäufung, sodass ich mich ihm nun besser annähern könnte? Oder bin ich ihm gegenüber zu einer Wiederaufnahme fähig, dank dem erworbenen Abstand, dank allem, was ich seither durchgemacht habe, sodass wieder eine Fragestellung entsteht, ein Interesse Fuß fasst, sogar stärker als zuvor, weil ich besser weiß (besser „empfinde"), was ich davon erwarte? Wie man sagt, dass eine Pflanze „wieder greift", dass sie neue Wurzeln entwickelt und wieder Kraft gefasst hat, oder einfach, dass „das Leben neu beginnt (*reprend*)". Dieser neue Tag – wird er eine Wiederaufnahme sein oder bloß die Wiederholung der alten Tage? Oder die neue Liebe: Wird sie eine zwanghafte Wiederholung sein, allein dem Atavismus des manischen Begehrens verschrieben? Oder werde ich imstande sein – dank dem, was ich bei einer ersten Liebe erlebt habe, und indem ich mich von diesem letzten Mal ausreichend absetze –, mir die aus der durchgemachten Erfahrung gewonnene Luzidität zu Nutze zu machen, um die gewagte, wiedererkühnte Erfahrung meines Lebens weiterzuführen? Ein zweites Leben, um daraus eine zweite Liebe zu machen. Noch einfacher (alltäglicher): Ist zwischen uns heute eine Wiederaufnahme (*reprise*) möglich? – Wenn nicht, wäre dieses Leben „zu zweit" nämlich nur ein Irrtum (*méprise*). Denn während die Wiederholung den Verlust des Begehrens erlebt und zur Unlust verdammt ist, entgeht die Wiederaufnahme dadurch, dass sie nicht wiederholt (durch das, was sie nicht wiederholt), der Falle der Befriedigung, die sich von selbst in Enttäuschung verwandelt. Und darin tatsächlich liegt die Ressource des Zweiten: Indem es noch einmal in der Vergangenheit Rückhalt sucht, glückt es ihm – indem es sich von dem absetzt, was in ihr zur Banalität umschlägt – umso besser, als Neuerung zu erscheinen.

Strategisch ist auch ein Loslassen (*déprise*) notwendig, damit ein Wiederaufnehmen möglich wird, oder eine Distanzierung, damit man sich von neuem annähern kann. Das heißt, dass das Wiederaufnehmen nicht nur eine Folge des Verlassen-Habens ist, sondern auch dessen Ziel sein kann: Ich verlasse, um ein Wiederaufnehmen zu ermöglichen, das sich diesem Verlassen verdankt. Ich lege beiseite, was ich gerade mache, lasse die Arbeit liegen, schließe jetzt dieses Buch – *um* es morgen wieder aufzunehmen. Eben um wieder aufnehmen zu können (wobei ich auf das mir unbewusste, immanente Voranschreiten dessen zähle, was man so für unterbrochen hält), lege ich jetzt beiseite – unterbreche –, was ich begonnen habe. Eine der eingeleiteten Erfahrung eigene Prozesshaftigkeit löst somit das Ich-Subjekt ab (hebt es heraus) und ermöglicht ihm, *wiederaufzunehmen* ohne zu *wiederholen*. Insbesondere dem Johannes ist es zuzuschreiben, die Auffassung bei uns eingeführt zu haben, der zufolge es die Entsagung ist, die die Vollendung ermöglicht, weil sie eine Wiederaufnahme herbeiführt, der zufolge es das (freiwillige) Ablassen ist, das eine (erhoffte) Weiterentwicklung erlaubt. Auch sollte man aufmerksam die Vorwärtsbewegung im Text des Evangeliums betrachten, wie sie in diesen anspruchsvolleren Gedanken hineinführt, der wie zu einem Abgrund an den Rand des Paradoxons hinführt („er ist verrückt", *mainetai*, μαίνεται, sagt man dann vom Christus, nachdem man ihm zugehört hat). Denn der Christus sagt zunächst in recht banaler, vorsichtiger (weil der Erwartung entsprechender) Weise, dass er als guter Hirt „sein Leben für die Schafe niederlegt", *hyper ton probaton*, ὑπὲρ τῶν προβάτων (Kapitel 10). Dann *nimmt* der Christus dieses Thema ohne weitere Erklärung oder Übergang *wieder auf*, wobei er es verschiebt, das heißt, indem er sein eigenes Leben zum Gegenstand der Wiederaufnahme macht: „Mein Vater liebt mich deshalb, weil ich von meinem Leben lasse, um es dann wieder aufzunehmen", *hina palin labo auten*, ἵνα πάλιν λάβω αὐτήν. Hier greift also der Christus selbst seine Worte wieder auf, setzt die Wiederaufnahme verbal in die Tat um, um innerlicher, einen Schritt weitergehend, zu verstehen zu geben (doch was ist dabei nicht zugleich überwunden worden?), inwiefern die Wiederaufnahme eine Ressource ist. Wenn nämlich der Christus sein Leben „niederlegt", dann nicht mehr, oder nicht mehr ausschließlich, zu dem äußerlichen, konventionellen, vorhersehbaren Zweck, sich für das Wohl der anderen zu opfern, sondern weil die Wiederaufnahme zum inneren Zweck wird, der die Tatsache des Niederlegens selbst rechtfertigt: Ich lege (ab), um wieder aufgreifen zu können – damit ein *von neuem* ermöglicht wird, damit ein Neuanfang in radikalerer Weise – als Umschichtung – stattfindet.

Unter dem Titel *Gjentagelsen* („Wiederaufnahme", gewöhnlich als *La Répétition* ins Französische übersetzt, was Nelly Viallaneix glücklicherweise korrigiert hat[1]) hat Kierkegaard die Wiederaufnahme, ein „recht dänisches Wort", zu jener „neuen Kategorie" erhoben, die bei ihm die existenzielle Kategorie schlechthin ist. Sie bezeichnet das Ernsthafte des Alltags – der tatsächlichen Berührung mit der Erfahrung – zwischen Wiedererinnerung und Erwartung, die sich beide gleichermaßen ironisch darstellen lassen: Die Erwartung ist „ein brandneues Kleidungsstück, von dem man, weil man es noch nie getragen hat, nicht weiß, wie es passen wird"; die Wiedererinnerung ist „ein ausgemustertes Kleidungsstück, das nicht mehr passt ...". Die Wiederaufnahme dagegen ist „das unverwüstliche Kleidungsstück, geschmeidig dem Körper angepasst, das weder einengt noch schlottert". Denn die Wiederaufnahme ist weder unterwürfig und passiv wie die Erinnerung noch unwissend und waghalsig wie die Erwartung. Sie ist weder festgefahren, belastet vom Bleigewicht der Vergangenheit, noch inkonsistent und flatterhaft, weil sie nach Belieben in die Zukunft projizierte. Indem sie sich hütet, ebenso wenig in die „Feigheit" des einen wie in die „Sinnenfreude" des andren zu kippen, ist die Wiederaufnahme die effektive Vermittlung, die das Selbe mit dem Andren verbindet. Nicht im logischen und folglich abstrakten Modus der hegelschen „Aufhebung" als einer Überwindung durch integrierende Unterdrückung, sondern in einem paradoxalen Modus (wie schon bei Johannes?), der allein auszudrücken vermag, was eigentlich die Existenz ist. Somit lässt sich die Wiederaufnahme, im Unterschied zur Wieder-Erinnerung, die eine Wiederaufnahme nach hinten ist, tatsächlich nur als „vorwärts gerichtete Wieder-Erinnerung" begreifen; zugleich wird man „der Wiederholung nicht überdrüssig", da „das Neue allein es ist, dessen man überdrüssig wird" ... Die Wiederaufnahme bringt uns also in diese unhaltbare Position, die allerdings die einzig glaubhafte ist, wonach man „seine Reise durchs Leben hinter sich haben muss, bevor man anfängt zu leben", denn nur auf diese Weise gelingt das Leben – allerdings darf man von dieser Reise auch nicht „trunken sein". Welcher Ausweg bleibt also zu erhoffen angesichts dieser Forderungen, die sich wie ein Schraubstock um uns schließen? Indes „lebt allein derjenige, der sich für die Wiederaufnahme entscheidet". Oder die Wiederaufnahme „ist die Schönheit des Lebens", und „einzig die der Wiederaufnahme gemäße Liebe ist glücklich".

In *Gjentagelsen* beschreibt Kierkegaard, wie er sich selbst an der Wiederaufnahme versucht hat: ein zweites Mal nach Berlin reisen (im selben Hotel absteigen, ins selbe Theater gehen, dasselbe Mädchen sehen wollen ...). Er macht die Wiederaufnahme eben zum Grundgewebe seines Texts, setzt sie ohne Unterlass ein, kommt von einer Episode zur anderen zurück, oder vom Narrativen zum Reflexiven, wobei er alles an dieser Frage festmacht, von der er bei jeder Gelegenheit abkommt, um sie später wieder aufzugreifen: Ist eine Wiederaufnahme wirklich möglich? Werde ich zur Wiederaufnahme fähig sein? Denn Kierkegaard hat wohl erkannt, was den intrinsischen Wert der Wiederaufnahme ausmacht: dass das Leben in seiner Bewegung selbst „Wiederaufnahme" ist, und mehr noch, dass es die Wiederaufnahme ist, die durch ihre veränderte Wiederholung das Leben als „Existenz" zum „klingen" bringt. Vor allem hat er geahnt, dass die Wiederaufnahme die Tugend des Zweiten ist oder sozusagen die „zweite Potenz des Bewusstseins". Trotzdem hat Kierkegaard verfehlt, worin die Möglichkeit der Wiederaufnahme eigentlich besteht. Er hat es „verfehlt", da er die *Wiederaufnahme* von neuem der Autorität des *Bruches* unterstellte. Weil er, wie die gesamte metaphysische Überlieferung vor ihm, die Entfaltung des Lebens nur konzipieren konnte, indem er der allzu einfachen Vorstellung des Einschnitts nachgab und abrupt zwischen in „Sphären" isolierten Lebensstadien schied, und zwar nicht in der Art einer diskreten Abwandlung und ihrer *Faltung*, also in der Gestalt eines „Sprungs" von einer Ordnung zur nächsten, nicht in der Art einer fortschreitenden Verschiebung durch Klärung und Ablösung von der durchlebten Erfahrung. Auch weil er den Status der *dekantierten*, kenntlich gewordenen und langsam sich erhellt habenden Wahrheit verkannte, weil er als Philosoph dem Prestige der *bewiesenen*, deduziert-argumentierten Wahrheit unterworfen bleibt, der allein sein religiöses Umschlagen ins Mysterium des Absurden sich entziehen kann, wobei einzig dieses Irrationale die Rettung aus der künstlichen Rationalität darstellt – aus diesen Gründen konnte Kierkegaard sich eine wirkliche Wiederaufnahme nur im Modus der *Bekehrung* vorstellen, die im Glauben auf ein „anderes Leben" zustürzt, auf das „ewige" Leben, und nicht im Modus eines der Existenz selbst *innerlichen Fortschreitens*, das in ein *zweites* Leben mündet.

Am selben Tag, da *Die Wiederholung* erscheint (mit dem Untertitel: „Ein Versuch über Erfahrungspsychologie"), veröffentlicht Kierkegaard auch *Furcht und Zittern* (das Opfer des Abraham) und *Drei erbauliche Reden* (das Leben gemäß dem Evangelium), wobei diese drei Texte die drei Stufen bilden, die durch Zerreißen und Entreißen zum religiösen Leben hinführen. Auch ist die Wiederaufnahme, weil sie den entscheidenden Bruch auf diesem Bekehrungsweg darstellt, das Werk der „Transzendenz", die mithilfe einer Disjunktion von Ebenen operiert, wobei das „Ewige" ins „Zeitliche" einbricht oder das „Ideale" ins „Wirkliche": Sie kann, aus immanenten Gründen, nicht aus der dem Dasein selbst innerlichen Entwicklung hervorgehen, da dieses in der Folge dazu neigt, in immer absichtsvollerer Weise die angesparte Erfahrung (die Erfahrung des zweiten Typs) in konative Erfahrung (Erfahrung des ersten Typs) umzukehren, welche es wagt, neuerlich zu versuchen, wobei sie die Grenze besser herausfordern kann, da sie es in einer konzertierteren Weise tut. Auch das Prozesshafte der Erfahrung geht verloren. Damit kann die betreffende „Erfahrung" nicht länger die gewöhnliche, akkumulierte Erfahrung sein, die zur Luzidität führt, sondern nur die unerhörte „Prüfung" (die Prüfung des Hiob, an die in der Mitte der *Wiederholung* erinnert wird), absolut ungerechtfertigt und auch nicht zu rechtfertigen, die jeden rationalen Rahmen im Namen einer endlich offenbarten Wahrheit sprengt, nämlich der Wahrheit der göttlichen Unermesslichkeit und der erhofften Versöhnung. Oder die Prüfung Kierkegaards selbst, der, wie er sich in *Die Wiederholung* inszeniert, unfähig ist, ein Ehegatte zu werden („wenn ich sie heirate, zerbreche ich sie"), doch plötzlich erfahren muss, dass die von ihm verlassene Verlobte gerade geheiratet hat … – Deshalb schreibt er *Die Wiederholung*. Auch verrät Kierkegaard die Natur des *Zweiten*, die er doch wahrgenommen hatte, indem er zur allzu billigen Vorstellung eines Einschnitts zurückkehrt, zum großen Mythos der Wiedergeburt, auf den ich eingangs hingewiesen habe: Der durch die Wiederaufnahme verwandelte Mensch ist ein neues Geschöpf, das, „aus Fleisch und Blut geboren", seine Wiedergeburt vor Gott „aus Wasser und Geist" erfährt. Deswegen wird man unter der verabsolutierten Figur der Wiederaufnahme, die das Mysterium der Inkarnation in der Heilsgeschichte ist, an die Wiederaufnahme „glauben" müssen. Um die Vorwärtsbewegung des Daseins zu denken, wird also die phänomenale Kontinuität der Erfahrung zugunsten eines in magischer Weise projektierten Neuen geopfert.

Die effektive Wiederaufnahme, die von der Ethik nicht abzulösen ist, führt nicht unbedingt zur Bekehrung. Sie führt vielmehr, indem sie sich vom vergangenen Leben freimacht, zur *Wieder-Verpflichtung* des zweiten Lebens, weil die im Stillen akkumulierte und verzweigte Erfahrung dessen, was aus der Entfernung, durch Ablösung, zum „ersten" Leben wird, sich darin ohne ein großes Ereignis, ohne Wunder, zur Ressource des zweiten Lebens verkehrt, um in radikalerer – extremerer – Weise das Leben zu wagen. Das Leben kann sich, wird es dabei wieder aufgenommen, als Existenz entfalten, das heißt als Fähigkeit, sich draußen zu halten – *außerhalb* der auf das Leben projizierten Grenzen und Definitionen, innerhalb derer die Weisheit sich bereitwillig hält –, damit das Leben als eine *Möglichkeit* sich öffnet, die keine „Essenz" enthält und der man nicht vorgreifen kann – das eigentlich heißt „Existieren", in seiner zu propagierenden Bedeutung. Das Leben, das sich, je weiter es fortschreitet, nicht nur neu bindet, sondern auch neu liest, führt nicht zu einer Wiedergeburt, sondern zu einem reformierten Leben. Die Freiheit, die einst das „Engagement"[2] noch in metaphysischer Weise postulierte, findet nunmehr ihre Bedingung nicht verordnet vor, sondern festgestellt im Innersten des Daseins, das selektiv, mit größerer Luzidität zu entscheiden beginnt.

Wenn es nämlich zur *Wiederverpflichtung* des zweiten Lebens wird, ist dieses „Engagement" – auch in seinem

Verhältnis zum Politischen – dabei nicht länger dieses projizierte, selbst verkündete, in seinen geräuschvoll verbreiteten und allzu leicht zur „Haltung" verkommenden Entscheidungen so willkürliche Ideal. Sondern es kann, wenn es auf seine früheren Entscheidungen zurückkommt, beginnen, sich zu *desideologisieren*. Die Loslösung, die den Beginn des zweiten Lebens markiert, eröffnet durch die eingeleitete Verschiebung einen Abstand, vom dem aus nach und nach das kenntlich wird und sich erschließt, woraus eine philosophischen Position *wird* – eine „Position", die also langsam kommt und als Gegensatz zur Positionierung zu verstehen ist, die für ihren Teil mit Blick auf ideologische Wohlgefälligkeit wie auch auf den Markt der Ideen so geschickt entscheidet. Denn eine philosophische Position erlangt man nur sozusagen als Antipode zur Positur (*posture*) und zu ihrem Trug (*imposture*), allein durch schrittweise *Reform* und indem man die *Wiederaufnahme* auf sich nimmt. *Nascitur poeta*, so hat man es in der lateinischen Grammatik gelernt, *fit philosophus*: Während man „als Dichter zur Welt kommt", *wird* man Philosoph, macht sich selbst dazu, das heißt, man *fängt* als Philosoph *neu an*. Und erst bei diesem Neubeginn der Wiederaufnahme fängt man an, wirklich anfangen zu können.

Finale

Ich habe diesen Text eine Weile ruhen gelassen, bevor ich ihn wieder aufgenommen habe. Es ging mir darum, experimentell die „Wiederaufnahme" zu praktizieren: sie als Ziel zu setzen und ihre Wirkung zu ermessen. Zu diesen Seiten zurückkehren zu können, nachdem ich sie ein wenig vergessen hatte, um abzuwägen, was sich seitdem stillschweigend – zwischen ihnen und mir – seinen Weg gebahnt hat und nun weiter vorangetrieben werden könnte. Doch hat es sich bei diesem Vorgehen immer noch um eine Wiederaufnahme gehandelt? Habe ich mich nicht allzu oft, wenn ich mich selbst von neuem las, bloß wiederholt? Hatte ich die Seiten in ausreichendem Maße liegen gelassen, hatte ich ihre Unzulänglichkeit ausreichend empfunden? Hatte ich genug Abstand von ihnen gewonnen, um wieder einen Griff auf sie zu finden und dabei neuerlich Fortschritte machen zu können? Hatte ich mich wirklich weit genug von diesem Buch entfernt, um in eine *zweite* Phase eingetreten zu sein, die mir erlauben würde, es effektiv wieder aufzunehmen? Oder hätte ich es womöglich mit noch mehr Abstand gar nicht wieder aufgenommen? ... Trotzdem reicht die geringfügige, kaum wahrgenommene Dissonanz eines Begriffs, den man beiläufig als weniger angebracht empfindet, dazu aus – indem man plötzlich bei der Wiederlektüre innehält –, sich von neuem in dem Satz zu verkeilen, wieder in seinem Gedanken Fuß zu fassen und zu beginnen, neu zu schreiben. Ausgehend von einer minimalen Unzufriedenheit wird dann möglicherweise der Satz oder gar die Seite so weitgehend überdacht, dass die Notwendigkeit einer Richtigstellung überdeutlich hervortritt: Man wird dieses Mal ihre Bewegung und Tragweite besser *freilegen* können.

Man ist in der Tat überrascht, wenn man so ein zweites Mal Hand an seinen Text legt, dass eine so klein angelegte Modifikation ausgereicht hat, die Bedeutung wieder hervortreten zu lassen, dass es ihr gelungen ist, dem Satz seinen Schwung zurückzuerstatten und ihn aus seiner „Stagnation" zu befreien. Die Unzulänglichkeit oder Grenze, die man vorher nicht einmal bemerkt hatte, wird plötzlich im selben Augenblick wahrgenommen und überwunden. Auch das Umschreiben ist offenkundig ethisch. Mit dem zweiten möglichen Zustand eines Textes verhält es sich wie mit der zweiten möglichen Phase eines Lebens, oder sagen wir der Möglichkeit eines zweiten Lebens. Denn die *Wiederaufnahme* verlangt ihrer Bewegung gemäß auch eine *Reform*. Statt dass eine Veränderung im Leben auf projektierte und theatralische Weise angekündigt würde, kann ausgehend von kleinen Verschiebungen gegenüber dem früheren Leben, die sich allmählich anhäufen, die zu bemerken man sich aber auch mehr bemüht, eines Tages eine Art von Reform tatsächlich beginnen. Und wirklich muss man einen Eingang in diesen großen Widerspruch finden: Mit einem Schlag den Bruch zu vollziehen ist unmöglich – man kann der Bequemlichkeit des Einschnitts nicht trauen –, doch gleichzeitig braucht es eine Lösung, die sich ins Zeitliche einschreibt und ein Ereignis bildet. Doch bis zu welchem Punkt kann es im Leben Ereignishaftes geben, das aus dem Leben selbst hervorgeht? Sodass eine solche Reform nicht mehr willkürlich projektiert wird, sondern tatsächlich möglich zu werden beginnt: dass es zu etwas gut ist, sich allein in der Ofenstube einzuschließen, wie es Descartes getan hat? Wenigstens einmal in seinem Leben ... „Endlich habe ich mich entschlossen ...", sagt auch Spinoza am Beginn der *Verbesserung des Verstandes*: Die korrigierende Wiederaufnahme (*emendatio*) kann beginnen. Oder auch Rousseau: „All dies nötigte mich zu dieser großen Übersicht meiner selbst, nach der ich schon seit langem ein Bedürfnis verspürte" ... Die Reform des Lebens und die Reform des Geistes sind tatsächlich nicht zu trennen.

Mit der entscheidenden Frage spielt Rousseau dabei übrigens ein Spiel. Zunächst nämlich gefällt er sich darin, den Allgemeinplatz der Moralisten in Sentenzen zu wiederholen, die er gut zu prägen versteht: „Noch bevor man an den ganzen Ertrag dieser verspäteten Lektionen gelangt ist, geht die Gelegenheit, ihn zu nutzen, vorbei" („Dritter Spaziergang"). „Ist erst dann, wenn man sterben muss, Zeit zu lernen, wie man hätte leben sollen?" Oder auch: „Weshalb lernt man seinen Wagen erst dann wirklich gut zu lenken, wenn man ans Ende des Weges kommt?" Doch korrigiert er gleich, sodass er dieser Falle und diesem Lamento doch noch entgeht: „Ich habe mir all das gesagt, als noch Zeit war, es mir zu sagen ..." Ich habe diese Überlegungen *rechtzeitig* angestellt. Nicht zu spät – die Philosophie steht bekanntlich spät auf –, sondern jetzt. Denn „wenn ich noch länger zuwarte", dann werde ich bald „nicht mehr über all meine Kräfte verfügen" ... Auch habe ich dieses Reformprojekt „langsam" ausgeführt und „mehrmals wieder aufgenommen". „Ich beharrte: Zum ersten Mal in meinem Leben zeigte ich Mut".

Denn man kann, ausgehend von den kleinen Unstimmigkeiten, die man in seinem Leben wahrnimmt, *langsam* den Entschluss fassen, dieses Leben zu reformieren, oder aber es weiterlaufen lassen und unaufhörlich hinausschieben. Hier liegt eine Wahlmöglichkeit, und folglich eine

Wegscheide, sodass es dabei letztlich auf eine ethische Entscheidung hinausläuft. Man kann seine Freiheit – die ja nicht so ohne weiteres gewährt wird – Schritt für Schritt entfalten, durch immer entschlossenere, reflektiertere Abwandlungen seines früheren Lebens, oder man kann naiv in der Illusion verweilen zu wählen, ohne dass man doch begonnen hätte, die Fähigkeit dazu zu erwerben. So kann man sich, indem man sein Leben herauslöst, „außerhalb" der Umschlossenheit der Welt halten, während man doch in der Welt verbleibt – „ex-istieren" im eigentlichen Sinn –, *oder aber* man kann zulassen, dass das Leben sich festfährt und sich unterhalb des niedrigen Horizonts dessen einmauert, was sich als die Welt ausgibt. Es gibt Leben, die *wieder aufgenommen werden*, die reformierten Leben – und die anderen. Denn unsere Leben lassen sich weniger – nach der berühmten stoischen Art – an ihrer Fähigkeit messen, die Unglücksfälle, die sie von außen treffen, zu erdulden, als vielmehr an ihrer Fähigkeit, so lang wie möglich dem Negativen ins Auge zu sehen, das dem Leben selbst innewohnt, es dabei aber auch aktiviert. Und zwar ohne Kompensation oder Ersatz – daher kommt die Luzidität, in der man Anhalt für eine Neubelebung des Lebens findet oder in der sich die *Möglichkeit* eines zweiten Lebens konstituiert. Damit man endlich eines Morgens, wenn man den Vorhang vom Fenster zieht, das Haus gegenüber und die Straße betrachtet, zum ersten Mal sehen kann, wie sich aus dem Boden der Nacht etwas erhebt, was ein Morgen *sein kann*. „Ein weiterer Morgen", der allerdings aus der Welt heraustritt, während er doch in ihr seinen Ursprung hat – ein Morgen, wie man ihn noch nie zuvor gesehen hat.

Anmerkungen des Übersetzers

I. Ein neuer Anfang?

1 Wie es Pascal geschehen war.
2 Der zweite Band von Marcel Prousts *Auf der Suche nach der verlorenen Zeit.*

II. Geklärte Wahrheiten

1 Nach Heraklit kann der Mensch „nicht der Sonne und nicht dem Tode" direkt ins Gesicht sehen.

V. Von der Erfahrung

1 Im Deutschen kann *expérience*, wie Jullien ausführen wird, der „Erfahrung" oder dem „Erlebnis", aber auch (ähnlich wie im Englischen, siehe unten) dem „Experiment" entsprechen.

VI. Luzidität

1 Deutsch von F. Schleiermacher.

VII. Loslösung, Freilegung

1 Die Bandbreite des französischen Wortes *dégagement* macht es erforderlich, seine deutsche Übersetzung jeweils dem Kontext anzupassen: Wenn auf den folgenden Seiten von „loslösen", „herauslösen", „freisetzen" oder „freilegen" die Rede ist, geht dies also

fast immer auf ein französisches *dégager/dégagement* zurück, das im Zentrum dieses Kapitel steht.

IX. Wiederlesen, Wiederaufnahme, Wiederverpflichtung

1   Auch in der deutschen Übersetzung „Die Wiederholung" (Meiner 2000).
2   Gemeint sind die „engagierten" Literaten um Jean-Paul Sartre.